지구를 살리는 에너지 정의 수업

지구를 살리는
에너지 정의 수업

이영경 지음

한언

따뜻한 씨앗을 품은
작은 영웅

1980년대 12월 어느 날, 나를 부르는 엄마 목소리에 잠에서 깹니다. 억지로 눈을 뜨고 잠자리에서 일어나면, 보글보글 국 끓는 냄새가 나를 반깁니다. 연탄불 위에 놓인 솥에서는 따뜻한 밥 냄새도 고소하게 풍겨옵니다.

마당에서 김치를 꺼내오라는 엄마 말씀에 얼른 양푼을 들고 마당으로 나갑니다. 새벽 서리를 맞은 국화가 예쁘게 반겨주네요. 마당 한구석에 묻어놓은 항아리를 열고 배추 한 포기, 무 한 개를 꺼내 올리면, 이미 입에는 침이 가득합니다.

가을 텃밭에서 따서 말려놓은 호박 나물이 식탁 위에 탐스럽습니다. 부리나케 아침을 먹었으니 얼른 씻고 학교에 가야지요. 수도에서 나오는 차가운 물과 엄마가 미리 준비해 주신 뜨거운 물을 섞어 세수를 합니다.

시계를 보시던 아빠가 학교에 늦지는 않았는지 물어보십니다. 서둘러 나가면 충분한 시간이지만, 괜히 뭉그적거리면서 왠지 지각할 것 같다며 아빠가 태워다 주시길 기대합니다. 딸내미의 괜한 핑계를 알고 계시겠지만, 아빠는 이미 내 편이 되었지요. 자전거 뒷자리에 앉아 아빠의 허리를 꼭 붙듭니다. 차가운 바람이 불지만 아빠 등이 따뜻하니 좋기만 합니다.

학교에 가니 당번인 친구가 피워놓은 난로에서 따뜻한 기운이 몽글몽글 올라옵니다. 조개탄은 이미 빨갛게 자기 몸을 태우고 있고, 난로 위에 얹어놓은 주전자는 친구들의 수다보다 더 많은 증기를 내뿜고 있습니다.

2020년대 12월 어느 날, 휴대전화의 알람 소리에 눈을 뜨고 조명을 켭니다. 얼른 일어나 예약해 둔 전기밥솥의 상태를 확인하고 전기레인지 위에 국 냄비를 올립니다. 김치냉장고에서 김치를 꺼내어 식탁 위에 놓습니다. 전날 저녁 주문해서 새벽에 도착한 애호박을 살짝 볶아 반찬으로 내놓습니다. 식탁 위에는 온실에서 자란 장미가 반겨줍니다.

수도꼭지만 틀면 거침없이 흘러나오는 온수로 개운하게 씻고 출근합니다. 미세먼지로 뿌연 아침이라서 그런가, 마스크를 쓴 사람들이 많이 보입니다. 회사에 출근하니 전기 히터가 건조한 바람을 내뿜고, 그 옆에는 가습기가 돌아가고 있습니다.

많이 달라졌습니다. 연탄불은 사라지고 가스나 전기레인지가 그 자리를 채웠습니다. 가스나 석유 보일러는 집과 물을 데워주어, 수도 꼭지를 돌리면 언제든 따뜻한 물이 나옵니다. 텃밭에서 농작물을 키우지 않아도, 손가락 몇 번 움직이고 돈을 내면 몇 시간 만에 먹거리를 구할 수 있습니다. 직접 불을 조절하지 않아도, 시간 맞춰 전기밥솥이 밥을 짓고 세탁기가 빨래를 합니다. 이 모든 데 에너지가 쓰입니다. 전기제품이 더 많아질수록, 교통수단의 속도가 빨라질수록, 내 몸이 하던 일을 기계가 대체할수록.

여기, 소비 중심의 사회가 아니라 사람과 자연이 공존하는 사회를 지향하는 마을이 있습니다. '오로빌'은 인도의 사상가 스리 오로빈도의 이상향을 현실에서 구현하기 위해 세워진 공동체 마을입니다. 1968년 황무지에 전 세계 124개국과 인도 각 지역의 흙을 모아 기반을 다지기 시작한 오로빌은, 지금 100개가 넘는 소규모 공동체를 갖추고 있습니다.

오로빌 사람들은 현금을 사용하지 않습니다. 교육도 무료로 받고, 의료 지원 혜택도 누립니다. 인종과 계급을 나누지 않고 부자와 가난한 사람도 없습니다. 직업에 따라 수입이 다르지도 않습니다. 정해진 시간만큼 자신이 할 수 있는 일을 하고, 다른 이와 똑같은 돈을 받습니다. 농사를 짓고, 음식을 만들고, 그림을 그리고, 언어를 가르칩니다. 지속가능한 삶을 위해 최대한 생태계를 존중합니다. 태양과 바람을 이용해 에너지를 생산하고, 친환경 농법을 사용하며, 토양과 물을 보호하기 위해 힘씁니다. 오로빌이 꿈꾸는 유토피아 건설은 아직도 실험 중입니다.

또 다른 사막 위 도시가 있습니다. 네옴 시티(NEOM City)는 사우디아라비아의 사막 한가운데 건설 중인 도시입니다. 이는 2030년 완공을 목표로 진행되는 건설사업으로, 그 규모가 상상을 초월합니다. 일단 면적만 해도 서울의 44배에 달하며, 높이 500m의 고층 건물로 둘러싸인 담이 일직선 모양으로 무려 170km나 이어집니다. 즉 사막 한가운데에 수평으로 긴 두 건물이 '담'처럼 서 있는 구조인 셈입니다. 심지어 담이 되는 직선 모양의 건물 외벽은 모두 유리로 덮어서, 바깥의 사막이 건물에 그대로 비치는 장관을 연출할 계획이라고 합니다.

더 놀라운 건 이 거대한 사막의 도시가 '탄소제로 도시'를 목표로 한다는 사실입니다. 지하에 고속철도가 다니는 대신 땅 위에는 도로와 자동차가 없고, 사무실과 학교, 슈퍼마켓이나 병원 등은 걸어서 5분 거리에 위치하도록 하며, 태양광과 풍력, 그린수소를 이용해 전기를 생산합니다. 네옴 시티가 어떤 모습일지 상상이 되나요? SF 영화에 나올 법한 행성 도시 같기도 합니다. 멋지다고 생각하는 사람들도 있을 테고, 그런 일이 가능하겠냐고 되묻는 사람들도 있겠지요.

네옴 시티 건설에는 우리 돈으로 약 640조 원 이상이 들어갈 것으로 예상합니다. 그보다 훨씬 더 많은 돈이 필요할 것으로 전망하는 사람들도 있고요. 그처럼 어마어마한 돈은 어디서 올까요? 사우디아라비아의 수출 부문에서 가장 큰 몫을 차지하는 것은 바로 '석유'입니다. 사우디아라비아의 국가 경제를 지탱하는 국영 석유 기업 아람코는 2023년 순이익이 무려 160조 원이 넘었습니다. 우리나라 1년 총예산이 약 650조 원인 것과 비교해 보면, 한 기업의 순이익치고는 매우 크다는 것을 알 수 있지요.

참 아이러니한 일입니다. '탄소제로 도시' 네옴 시티는 결국 더 많은 석유를 팔아야만 건설할 수 있으니까요. 새롭게 도시를 건설하기 위해서는 대규모 토목 공사가 필요합니다. 화석연료를 팔아서 번 돈으로 엄청난 온실가스를 내뿜으며 공사를 하고, 빌딩과 조명으로 가득한 공간에서 사는 삶이 과연 행복할 수 있을까요?

우리는 끊임없이 에너지를 소비하면서 살고 있습니다. 휴대전화를 충전하는 전기부터 난방에 필요한 가스나 석유, 식료품을 운반하는 트럭의 연료에 이르기까지, 내 생활을 지탱하는 에너지는 너무나 많습니다. 그러나 '소비'가 집약된 도시는 오히려 '생산'을 거의 하지 않습니다. 먹거리를 생산할 논밭도, 식수를 공급받을 깨끗한 강도, 옷이나 자동차를 만들 공장도, 전기를 만들 발전소도 거의 없지요. 그러니 이들을 모두 공급받기 위해서 더 많은 에너지와 노동이 필요합니다. 그 과정에서 환경오염, 생태계 파괴, 기후변화가 부메랑이 되어 나타났습니다.

지구온난화 문제는 기후위기로 이어지면서, 지금까지의 생활 방식을 되돌아보게 합니다. 화석연료를 사용해서 더 많이 생산하고 소비하며 폐기하는 동안, 우리의 삶은 더없이 편리해지고 윤택해진 게 사실입니다. "Drill, baby, drill." 2024년 미국 대통령 선거 기간에 당시 트럼프 후보가 많이 사용한 말입니다. "뚫어, 뚫어"쯤으로 번역할 수 있는 이 말은 석유와 가스 채굴을 통해 미국 경제를 유지하겠다는 뜻을 담고 있습니다. 우리가 그동안 누린 화석연료 시대를 지속하겠다는 강력한 의지이자, 기후위기를 전면으로 부정하는 말이기도 합니다. 그 이면에는 미국의 경제가 가장 중요할 뿐만 아니라, 미국인의 생활 방식은 바꿀 수 없다는 강한 의지도 숨어 있지요. 전 세계가 기후위기를 해결하려고 고군분투하는 이 시대에 트럼프가 외친 구호를 어떻게 받아들여야 할까요.

영화를 보면 세계를 구하는 영웅들 이야기가 많이 나옵니다. 납치된 비행기에서 뛰어난 무술 실력과 침착함으로 사람들을 구해내는 첩보원, 지구가 온통 얼어붙은 상황에서도 아들을 구하기 위해 온갖 위험에 맞서는 아버지, 지구를 침략한 외계인에게 대항해 평화를 지키는 요원에 이르기까지, 매우 다양한 영웅이 등장합니다.

영웅이라고 해서 그처럼 '대단한' 사람들만 있는 건 아닙니다. 말레이시아 르당섬의 해안에서 모래를 파고 거북이 알을 찾는 환경운동가 같은 '작은 영웅'도 있습니다. 그들은 무더위가 이어지는 르당섬에서 거북이 알을 구출해 시원한 곳으로 옮기는 작업을 합니다. 바다거북은 알이 부화할 때 기온이 30℃가 넘으면 모두 암컷으로 태어나는 성질이 있습니다. 무더위가 지속되면 결국 멸종위기에 처하겠지요. 바다거북의 알을 옮기는 일은 매우 사소한 행동처럼 보일 수도 있습니다. 하지만 결국 바다거북의 멸종을 막는 소중한 힘이 되고, 기후변화에 대처하는 씨앗이 될 수 있습니다.

우리는 미래에도 에너지를 생산하고 소비할 것입니다. 이 책은 기후위기 시대를 맞아, 거대한 에너지 전환을 위해 우리가 돌아보아야 할 것이 참 많다는 인식에서 시작합니다. 우리가 누려온 풍요로움과 편리함은 어디서 비롯되었는지, 그 사이에 어떤 문제가 숨어 있는지, 그 문제를 해결하려면 어떻게 노력해야 하는지 살펴보고 싶었습니다.

우리 삶에서 떼려야 뗄 수 없는 '에너지'를 정의롭게 생산하고 분배하며 소비하기 위해서, 우리는 어떻게 살아야 하는지 이야기하고 싶었습니다. 더 많은 생산과 소비를 향한 욕심보다, 생명과 공존을 돌아보는 따뜻함이 여러분 마음속에 자라나길 희망했습니다. 그 마음에 움튼 씨앗이 행동으로 이어지고, 결국 더 나은 세상을 만드는 나침반이 될 수 있을 것입니다. 지구를 구하는 작은 영웅은 우리 가까이에 있습니다.

이영경

차례

2부 석탄과 핵발전소가 만들어 낸 눈물의 역사

3부 기후위기 시대, 어떤 에너지를 만들까

4부 어떻게 에너지를 전환할까

1부

에너지 전환은 왜 필요할까

1

기후위기가 시작된 영국,
석탄 산업의 식민지 인도

기차여행을 하고 싶다는 아이들과 KTX를 타기 위해 서울역 승강장에서 열차를 기다리고 있었습니다. 그런데 열차가 들어오는 "쌩" 하는 굉음을 듣고 있자니 문득 의문이 들었습니다. '실제로 기차에서는 칙칙폭폭 칙칙폭폭 하는 소리가 나지 않는데, 왜 우리는 기차 소리를 그렇게 표현할까?'

요즘 기차는 달리며 칙칙폭폭 하는 소리를 내지 않습니다. 하지만 인류 최초의 기차인 증기기관차는 석탄을 태워 물을 끓이고, 거기서 발생한 수증기의 힘으로 움직였습니다. 그 증기가 빠져나가며 칙칙폭폭 하는 특유의 소리가 났지요. '기차(증기汽+차車)'라는 이름도 수증기로 인해 하얀 연기를 뿜으며 달리기 때문에 붙여진 것입니다.

기후변화의 시작, 증기기관과 석탄

"기후변화는 어떻게 시작됐을까?" 40℃ 가까이 치솟는 여름 더위 속에서 아이가 묻습니다. 우리가 겪는 기후변화는 그처럼 폭염에 지쳐 에어컨만 찾게 되는 날이나, 시간당 100mm가 넘는 폭우 탓에 집을 나가기가 두려울 때나, 수십 일 이어진 장마로 토마토 없는 햄버거를 먹게 되었을 때 등 생활 속 곳곳에 숨어 있습니다.

이제는 일상이 된 기후변화, 과연 어떻게 시작된 걸까요? 환경운동가 나오미 클라인은 "기후변화는 1770년대 영국 글래스고 대학교 제임스 와트의 실험실에서 시작되었다"라고 말합니다. 제임스 와트는 기존의 증기기관 기술을 개량하여 일반적으로 사용할 수 있도록 만든 영국의 과학자입니다. 우리가 지금 사용하는 전력의 단위인 'W(와트)'도 그의 이름에서 따온 것입니다.

제임스 와트가 증기기관을 발명한 덕에, 초기에 광산에서 광물을 운반하는 데만 사용하던 증기기관을 철도 운송과 면사의 대량 생산에 이르기까지 폭넓게 사용할 수 있게 되었습니다. 연료와 원료를 먼 거리의 공장까지 빠르게 대량으로 운반할 수 있었고, 어디든 공장이 들어서게 되었으며, 수력이나 풍차에 의존하지 않고도 1년 내내 공장을 가동할 수 있게 되었지요. 이런 대량 생산과 대량 운송 시스템은 생산 체제를 급격하게 변화시켰습니다. 당연히 증기기관에 사용되는 석탄의 소비는 증가했고, 자본과 이윤의 규모도 커졌습니다.

증기기관차를 통해 생산과 소비가 늘어나고, 화석연료의 사용 또한 급격히 확대되면서 산업혁명의 막이 오릅니다. 그 과정에 온실가스 배출이 증가하면서 기후변화의 문이 열리기 시작한 것이지요. 석탄으로 대표되는 화석연료가 기후변화의 원인이라는 것은 이제 널리 알려진 사실입니다.

그렇다면 왜 영국에서 산업혁명이 일어났을까요? 그 원인은 15세기 중반부터 18세기 중반까지 이어진 지구의 소빙기에서 찾을 수 있습니다. 1만 년 전의 빙하기 이후 계속 따뜻한 날씨를 유지하던 지구에 엄청난 추위가 닥칩니다. 추위가 몰고 온 기후변화는 감자나 귀리 같은 작물에 큰 타격을 입혔지요. 식량 가격은 폭등하고 굶어 죽는 사람들이 많아졌습니다. 사람들이 추위를 피하기 위해서는 더 많은 나무가 필요했어요. 하지만 목재가 한정되어 있다 보니, 당연히 그 가격이 치솟을 수밖에요. 그 과정에서 사람들은 목재를 대신할 연료를 찾기 시작합니다.

다행히도 영국에는 석탄을 쉽게 얻을 수 있는 노천 탄광이 많았습니다. 사실 영국보다 석탄을 더 먼저, 더 많이 사용한 나라는 중국이었어요. 중국은 이미 철을 생산하기 위해 석탄을 사용하고 있었거든요. 하지만 노천 탄광이 풍부하던 영국에서 난방용으로 석탄을 사용하기 시작하자 그 사용량이 폭발적으로 증가했습니다.

노천 탄광뿐만 아니라 지하 광산에서의 채굴까지 욕심을 내면서, 더 많은 석탄을 캐기 위한 기술이 필요했습니다. 그래서 탄생한 것이 바로 증기기관이지요. 그 덕에 19세기 영국의 석탄 생산량은 전 세계 생산량의 90%에 달했습니다. 증기기관이 석탄을 캐기 위해 개발한 기술이었음에도, 결국 그 기술을 사용하기 위해 다시 더 많은 석탄을 필요로 하게 되었다니 참 아이러니한 일입니다.

난방용으로 사용되기 시작한 석탄의 생산량이 증가하면서, 증기기관 역시 다양한 분야에서 사용되었습니다. 제일 처음 본격적으로 사용된 분야는 면직물을 만드는 방적 산업이었고, 풍부한 석탄과 증기기관을 이용한 제철 기술 및 산업도 빠르게 성장합니다. 그리고 증기기관차와 철도가 만들어졌지요.

최초의 석탄 운반용 증기기관차가 성공을 거두면서 더욱 많은 사람이 더 빨리 이동할 수 있게 되었고, 생산된 물건도 더 많이 더 먼 곳까지 팔 수 있게 되었습니다. 당연히 더 먼 거리에서 자원을 운반하는 일도 가능해졌지요. 그 힘은 결국 철도 산업을 비롯한 철강 산업, 면직물 산업 등 영국의 산업 기반을 만들었습니다. 대량 생산이 가능한 증기기관과 더 빠르게 더 많이 운반할 수 있는 증기기관차, 이 둘은 대량 생산과 판매, 소비를 가능하게 하는 힘이 되었습니다.

20세기 초의 증기기관차 모습

인도로 간 증기기관차, 그리고 석탄 산업

그런데 문제가 있었습니다. 산업이 발달하는 속도에 비해 영국의 국토가 좁다는 사실이었어요. 엄청난 양의 물건을 만들고 더 빨리 운반하게 되었지만, 그 상품을 판매할 시장이 부족했던 것이지요. 영국은 결국 식민지를 개척해 자국의 상품을 팔아야겠다고 생각하게 됩니다. 더불어 대량 생산하는 상품의 원료도 그 식민지에서 얻겠다는 욕심을 내었지요. 그중 하나가 인도입니다.

영국은 세계에서 네 번째로 긴 철도를 비롯해, 식민지로 삼은 인도에 수많은 철도를 건설합니다. 영국이 직접 통치하던 1860년부터 1880년 사이에 철도의 총길이가 1,349km에서 2만 5,495km로 증가했다고 하니, 당시 철도 건설사업이 얼마나 놀라운 속도로 진행되었는지 짐작할 만합니다. 2023년 인도에서는 약 1,300명이 사망한 열차 충돌 사고가 발생했는데요. 사고의 원인 중 하나가 영국 식민지 시대에 건설된 철도 시스템이 정비되지 않은 탓이라고 합니다. 여기서도 인도의 철도 역사가 매우 길다는 사실을 알 수 있습니다.

철도 덕분에 운송비가 줄어들자, 영국의 공장에서 생산된 제품이 싼값에 수입되었고 인도의 수공업 제품은 경쟁력을 잃게 되었습니다. 인도는 면화나 식량, 석탄 같은 원자재를 싼값에 공급하면서, 오히려 영국산 제품의 소비 시장으로 전락하고 말지요. 수공업 일자리를 잃은 인도인들은 영국이 소유한 탄광이나 공장에서 낮은 임금을 받으며 힘든 노동을 하게 되었고요. 그러다 보니 면제품과 유리, 금속제품의 세계 주요 수출국이던 인도는 19세기 중반에는 영국 상품을 가장 많이 수입하는 국가가 되고 말았습니다.

탄소는 석탄과 같은 화석연료를 태울 때 많이 발생하며, 기후변화를 일으키는 주요 원인입니다. 그래서 기후변화에 대응하기 위해 "석탄 사용을 줄이자", "석탄을 퇴출하자"라고 외치는 것입니다. 현재 인도에서 사용하는 에너지원의 70%는 석탄입니다. 석탄 의존도가 매우 높아서, 인도의 탄소 배출량은 세계 3위에 이를 정도지요. 지난 10년간 인도의 석탄 소비량은 2배가량 증가했고, 새로운 광산을 열 계획도 가지고 있습니다.

인도의 석탄 광산은 자국의 산업 발전보다는 영국의 식민지 수탈 수단으로, 영국이 지배하던 1870년대 많이 개발되어 역사가 오래되었습니다. 그렇다 보니 인도의 경제는 여전히 값싼 석탄에 의존하고 있습니다. 석탄을 태워 요리를 하고, 석탄을 태워 불을 비추고, 석탄을 태워 난방을 합니다. 인도의 일인당 평균 전력 소비량은 영국이나 미국보다 훨씬 적은데도, 탄소 배출량이 많은 것 또한 그처럼 석탄을 많이 사용하기 때문입니다.

인도에서 석탄은 단순한 연료가 아닙니다. 인도의 석탄 산업에 직간접적으로 고용되는 인구는 약 400만 명이나 됩니다. 석탄 광산이 있는 지역에서 석탄은 지역 경제의 생명줄이자 지역 주민들의 삶의 기둥입니다. 광산 노동자들은 석탄 없이 살 수 없습니다. 인도 정부는 2030년까지 전력의 40%를 태양광 등 비화석연료에서 얻겠다고 계획하고 있습니다. 하지만 그처럼 전환하기 위해서는 더 많은 투자가 필요합니다. 오랫동안 식민지였던 인도가 빠르게 에너지를 전환하기 위해서는 영국과 같은 선진국의 배상과 지원이 절실합니다.

돌고 돌아 다시 영국 글래스고에서

2021년 영국 글래스고에서 열린 기후변화협약 당사국총회에서 세계 각국은 석탄발전을 단계적으로 감축하고, 선진국은 2025년까지 '기후변화 적응기금'을 2배 늘리기로 했습니다. 당시 영국을 필두로 한 유럽의 선진국들은 석탄 '폐지'를 요구한 반면, 경제 성장을 이루고 있는 인도와 중국 등은 석탄 '감축'을 주장했습니다. 최종적으로 '폐지'가 아니라 '감축'으로 합의한 문구에 영국의 총리는 매우 실망스럽다고 언급했습니다.

19세기에 어느 국가보다 빠르게 석탄을 사용하기 시작했고, 점점 더 많은 석탄을 사용하여 경제 성장을 이루어 낸 영국이 200여 년이 지난 지금 탄소를 감축하기 위해 노력하는 것은 긍정적인 일입니다. 하지만 자국의 역사에서 탄소 배출에 대한 책임을 지고, 아직 재생에너지로 전환하기 어려운 개발도상국인 인도를 공존의 대상으로 바라보는 일도 반드시 필요합니다.

다행히도 2023년 기후변화협약 당사국총회에서 참가국들은 '기후 손실과 피해 기금'을 설립하는 데 합의했습니다. 이 기금은 산업화로 앞선 선진국이 기후 재앙을 겪는 개발도상국에 금전적으로 보상하는 것을 목적으로 합니다. 기후 재앙에 대해, 지금까지 탄소를 많이 배출한 선진국의 책임을 인정하고 개발도상국을 지원한다는 것입니다. 이런 논의는 1990년대부터 시작되었지만 이제야 합의에 이른 것이지요. 기후변화로 인한 '손실과 피해'는 해수면 상승이나 폭염, 한파, 홍수, 가뭄, 태풍 등 이상 기후 재난 탓에 발생하는 인명 피해, 농작물 피해, 이재민 발생, 생물다양성 상실 등 다양한 영역을 포함합니다.

1770년대 영국 글래스고의 제임스 와트 실험실에서 시작된 기후변화. 이에 대응하는 것은 오늘날 인류 모두에게 매우 시급한 과제입니다. 250여 년이 지난 2021년, 국제사회는 다시 글래스고에 모여 탄소중립 선언을 이끌어 내었고, 이후 더 적극적인 대응을 논의하고 있습니다.

기후변화에 대응하는 것은 '공동의 차별화된 책임'을 인정하는 일에서 시작합니다. 지금은 굉음을 내며 달리는 고속열차로 성장했을지 모르지만, 그 성장 뒤에는 칙칙폭폭 기차의 희생이 있었음을 기억해야 합니다. 그리고 공존할 방법을 찾아야 합니다.

2

'검은 황금' 석유가 부른
이라크전쟁

우리 주변에서 석유를 사용하는 곳이나 석유로 만든 것을 찾아보세요. 가장 먼저 떠오르는 것은 아마도 자동차겠지요. 주유소와 그곳에 붙은 휘발유나 경유 간판은 우리가 길을 지나며 흔히 만나는 것들이니까요.

또 뭐가 있을까요? 자동차가 다니는 도로의 아스팔트, 자동차 바퀴의 타이어, 우리가 입고 있는 옷, 물놀이에 필수품인 튜브, 식탁 위에 놓인 그릇, 컴퓨터 등 거리나 거실, 주방, 욕실 그 어느 곳에서도 다양한 형태의 석유를 만날 수 있습니다. 석유는 심지어 탱크나 전투기, 전함의 연료로도 사용하지요. 석유가 없는 세상을 상상하기란 쉽지 않습니다.

걸프전쟁, 사막의 폭풍 작전과 죽음의 도로

1991년 1월 17일 1분 37초경, 사막의 폭풍 작전 개시를 알리는 공습경보가 울렸습니다. 쿠웨이트를 점령한 이라크를 향해, 미국과 영국 등으로 구성된 다국적군의 공습이 시작된 것입니다. 미국의 방송사 CNN을 통해 충격적인 장면이 가감 없이 생중계됐던 이라크와 다국적군의 전쟁은 공습이 개시된 지 약 40일이 지난 2월 28일에 끝이 났습니다. 이 전쟁은 왜 발생했을까요?

이라크는 쿠웨이트가 원유 시장에 석유를 대량으로 공급하여 유가가 하락하면서 이라크 경제에 막대한 손해를 끼쳤다고 판단했습니다. 이미 이라크는 경제적으로 어려운 상황이었고, 쿠웨이트와는 그간 유전 지대를 두고 소유권 분쟁 중이었지요. 이에 이라크는 1990년 8월 2일 기습 공격하여 쿠웨이트를 점령했고, 쿠웨이트 왕가는 사우디아라비아에 망명하게 됩니다.

미국과 유엔 안전보장이사회는 이라크에 쿠웨이트에서 철수할 것을 요구했지만, 받아들여지지 않자 바로 공습을 감행합니다. 그 공습은 '사막의 폭풍'이라는 작전으로, 1개월간 무려 10만여 차례나 공중폭격이 이루어졌습니다. 그 공습으로 이라크의 주요 시설이 완전히 파괴되고 사망자도 많이 발생했습니다. 돌볼 사람이 없어서 병원 인큐베이터 안에 있던 아기들이 사망했다는 기사가 나올 정도였지요.

이후 지상전으로 진행된 전쟁은 더 많은 이들의 죽음으로 이어졌습니다. 이 전쟁으로 약 10만 명이 사망했다고 보고되었는데, 그중 가장 큰 규모는 후퇴하던 이라크군 보병에게 쏟아진 폭격이었습니다. 그 폭격으로 수만 명의 보병이 사망하고 2,000대에 이르는 차량이 파괴되면서, 후에 그곳은 '죽음의 도로'라고 불리게 되었습니다.

걸프전쟁이라는 이름이 붙은 이 전쟁은 쿠웨이트와 이라크 사이 유전 지대의 이권 다툼이 가져온 전쟁이며, 석유 통제권을 차지하고자 했던 미국의 적극적 개입으로 확대되고 종결되었습니다. 현대의 '검은 황금' 석유가 세계 각국의 이권 다툼에 큰 불씨가 된다는 사실을 적나라하게 보여준 사건이었지요.

석유를 지배하기 위한 전쟁의 역사

산업혁명 이후 유럽의 선진국들은 석탄을 중심으로 산업 기반을 형성했습니다. 석유는 매장된 지역이 한정적인 탓에 늘 먼 거리에서 수입해야 했기 때문에, 에너지원으로 사용하기가 어려웠습니다. 그렇지만 영국은 석유를 차지하기 위해 발 빠르게 움직였습니다. 1908년, 이란의 사막에 석유가 많이 매장되어 있음을 알게 된 후 곧바로 이란의 석유를 차지해 버린 것이지요. 이후 1차 세계대전에서 석유가 탱크와 전함, 항공기 등의 연료로 대량 사용되고, 국가 전략의 핵심 자원이 되면서 본격적인 석유의 시대가 도래합니다. 영국을 위시한 세계는 당연히 석유가 많이 매장된 중동에 눈을 돌리게 되었지요.

미국이 석유를 이유로 전쟁에 개입하거나 전쟁을 일으킨 것은 오래된 역사입니다. 1차 세계대전에서 자국의 석유를 대량으로 사용한 미국은 석유 매장량이 훨씬 많은 중동에서 주도권을 갖고자 했습니다. 2차 세계대전 이후 1945년, 미국은 사우디아라비아의 안보를 지원하는 대신 석유 개발권을 차지하게 됩니다. 사우디아라비아는 세계에서 석유 매장량이 매우 많은 국가 중 하나로, 하루에 약 1,200만 배럴을 생산합니다. 이는 우리나라가 하루에 사용하는 석유보다 4배 이상 많은 양입니다.

시간이 지날수록 중동의 석유에 대한 영국과 미국 등의 개입이 심해지고 석유 가격마저 좌우되자, 산유국들은 불만을 드러내기 시작합니다. 대표적인 사건이 바로 1973년의 '1차 석유 파동'입니다. 이스라엘과 전쟁 중이던 아랍 연합국이 이스라엘을 지원하는 국가에는 석유 수출을 중단하기로 한 것입니다. '석유로 세상을 흔들자'라는 뜻을 모아 결국 석유를 경제적인 무기로 사용하게 된 셈이지요.

산유국이 석유 생산량을 줄이고 수출하지 않게 되자 석유 가격이 치솟았습니다. 당시 한국의 석유 가격은 1배럴에 약 2만 원이었는데

8만 원으로 오르고, 중소기업 3분의 2가 도산하는 위기를 맞기도 했습니다. 석유가 지닌 힘이 어마어마했던 것이지요. 석유 파동은 석유가 단순히 경제적 이익을 가져다주는 자원이 아니라, 강력한 권력과 무기가 될 수 있다는 사실을 전 세계에 보여주었습니다. 걸프전쟁 당시 미국의 부시 대통령은 "전쟁은 후세인이 우리의 석유 생명선을 쥐어흔들지 못하게 막으려는 것"이라며 전쟁을 정당화하기까지 했으니까요.

2003년 이라크전쟁이 일어날 당시, 이라크의 석유 매장량은 세계 2위였습니다. 매장량이 많은 데다가 질적으로도 우수해, 이라크의 석유는 경제적인 가치가 매우 높았지요. 미국은 이라크 석유의 경제적 가치도 중시했지만, 그보다는 중동 석유 자원에 대한 통제력을 되찾는 정치적 가치에 더 주목했습니다. 산유국들이 세계 석유수출국기구(OPEC)를 결성하고 석유 회사를 국유화하면서, 그동안 미국이 쥐고 있던 석유 통제권을 잃어버렸기 때문입니다.

결국 미국은 이라크의 석유 자원을 차지하기 위해 전쟁을 일으키게 됩니다. 미국은 그 전쟁이 '테러리스트들과의 싸움'이라거나, '이라크에 있는 대량 살상 무기를 제거'하는 등의 평화를 위한 목적이라고 설명했습니다. 하지만 결국 이라크전쟁은 합법성과 정당성을 갖추지 못한 불법 침공으로 평가됩니다. 유엔 사무총장도 불법 침공으로 정의했지만, 초강대국 미국에 영국과 호주가 협조한 그 전쟁에 아무도 책임을 묻지 못했습니다.

석유 시대의 종말은 가능할까?

산업혁명 이후를 석탄의 시대라고 한다면, 1차 세계대전 이후는 석유의 시대입니다. 석유 시대에 패권을 장악하기 위해서는 더 많은 석유 자원을 차지해야 하고, 그 석유 자원에 대한 통제권도 확보해야 합니다. 여러 나라가 전쟁도 불사하는 이유지요. 석유는 경제의 기반이자, 이윤을 통해 부와 권력을 가져다주는 수단입니다. 지금도 수많은 석유 기업들이 경제와 정치를 움직이고 있습니다. 석유 기업들이 미국의 대통령 후보에게 엄청난 금액을 후원한다는 건 공공연한 사실입니다.

석유는 석탄과 같이 탄소를 많이 배출하는 대표적인 화석연료입니다. 하지만 급격히 감축하고 퇴출하기 어려운 에너지원이기도 합니다. 어떠한 국가나 기업도 엄청난 부와 권력의 상징이 된 석유를 포기하려 들지 않기 때문입니다. 다국적 석유 기업인 쉘(Shell)은 자신들의 생산 활동이 기후위기를 초래한다는 내용의 보고서를 갖고 있었음에도, 계속 화석연료에 투자하다가 환경단체가 제기한 소송에서 패배하기도 했습니다. 거대한 석유 기업들은 겉으로는 재생에너지에 대한 투자를 늘리겠다고 하지만, 여전히 그 이상으로 석유와 석탄에 투자합니다. 미래에 다가올 기후위기보다는 현재 기업 주주들의 이익이 우선한다고 보기 때문입니다.

우리나라는 '원유 한 방울 생산하지 않는 나라'입니다. 석유 대부분을 수입해서 사용하는데, 그중 60%가 중동 지역에서 들어옵니다. 한편으로 우리나라는 석유 수출국이기도 합니다. 원유를 수입하여 가공하는 석유화학 산업을 통해 석유를 수출하고 있는 것이지요. 원유가 없는 우리나라는 늘 자원을 아껴 써야 했고, 석유 파동처럼 공급에 문제가 생기면 막대한 영향을 받습니다. 또 석유화학 산업으로 인해 온실가스도 많이 배출합니다.

생산 초기에는 수송 연료로 각광받던 석유가 지금은 생활 어디에서나 사용됩니다. 자동차 연료나 플라스틱, 옷의 원료와 같이 우리 생활에 없어서는 안 될 존재가 되었습니다. 그렇다 보니, 얼마 전 포항 영일만 앞 동해 해역에 석유가 매장되어 있을 가능성이 높다는 정부의 발표는 국민을 설레게도 했습니다. 탄소중립을 위해 화석연료 사용을 줄여야 한다는 사실이나, 석유가 있을 확률이 20%밖에 안 된다는 사실이나, 어마어마한 자금이 투입되어야 한다는 데 우려를 하면서도 말이지요. 결국 탐사시추 결과, 원유 생산에 경제성이 없다는 결론을 얻어 좌초되었습니다.

석유를 향한 인류의 욕망은 세계를 전쟁의 광풍으로 몰아넣어 수

많은 생명을 앗아갔으며, 생명의 땅에 화약과 화학무기를 쏟아부었습니다. 석유라는 이름으로 가장 반생명적인 행위가 정당화되었지요. 그처럼 인류 욕망의 상징이었지만 그 위에 세운 경제가 기후위기의 원인임을 확인한 이상, 우리는 석유와의 거대한 이별을 준비해야 합니다. 과거의 석유가 부른 재앙보다, 현재 석유와 이별하지 못하는 인류가 더 큰 재앙이 되지 않도록 말입니다.

3

검은 기름으로 뒤덮인
태안 앞바다

2007년 태안에 다녀온 지인은 당시의 기름 유출 현장이 마치 영화 「괴물」을 찍는 곳 같았다고 말합니다. 모든 사람들이 방제복을 입고, 착용했던 옷이나 마스크, 장갑은 모두 가까이할 수 없는 위험한 폐기물이 되어버린 현장에 대한 증언이었지요. 현장에서 며칠간 함께했던 사람들은 피부병에 걸리기도 하고 호흡기 질병을 겪기도 했습니다. 현장에서 자원봉사를 했던 어떤 사람은 태안을 다녀온 후 단식원에 들어갔는데, 단식을 시작한 지 며칠 만에 온몸에 발진이 생겼다고 했습니다. 몸에 쌓인 독소가 빠져나가는 과정이었다고 하지요.

검은 띠, 바다를 뒤덮다

2007년 12월 7일 오전 7시 6분, 충청남도 태안군 만리포해수욕장 앞에서 삼성중공업 해상크레인 예인선단과 유조선 허베이 스피릿호가 충돌했습니다. 그로 인해 유조선에 실려 있던 원유 7만 9,000배럴이 바다로 유출되면서, 국내 최대의 해양오염 사고로 기록됩니다.

사고가 발생한 그날, 서해 남중부에는 풍랑주의보가 발효되어 있었습니다. 인천에서 공사를 마친 삼성중공업의 해상크레인 예인선단이 태안 방향으로 이동하던 때였습니다. 거친 파도로 인해 예인선단이 통제력을 잃었고, 결국 크레인에 연결된 예인줄이 끊어져 버렸습니다. 설상가상으로 그때 태안 앞바다에 정박 중이던 홍콩의 유조선 허베이 스피릿호와 크레인이 충돌하게 됩니다. 유조선에 구멍이 뚫리고 다량의 기름이 누출되었지만, 사고 후 이틀이 지나서야 파손된 유조선의 구멍을 막을 수 있었지요.

당시 파도가 심한 탓에 초기 대응을 제대로 하지 못하면서, 기름은 순식간에 태안반도 연안으로 밀려들었고 다음 날에는 인근 해수욕장 및 항구와 포구까지 뒤덮어 버렸습니다. 만리포 및 태안군의 바다가 시꺼먼 기름으로 뒤덮인 건 물론이고 충남 서해안을 넘어 남쪽까지 기름이 퍼지면서, 전남 목포시와 더 멀리 제주도 근처까지 오염이 확대되었습니다. 태안군과 서산시, 군산시 등의 양식장과 어장 등 약 8,000ha(헥타르)가 원유에 오염되어 어패류가 떼죽음을 당했습니다. 어장이 황폐해지면서, 어업으로 생계를 이어가던 지역 주민들은 경제적 어려움을 겪게 되었지요.

10년이 지난 후, 해양수산부는 사고 해역의 해수 및 퇴적물 내 유분 등의 농도가 지속적으로 감소해 국제 권고치 이하로 나타났다고 밝혔습니다. 해양수산부는 이후에도 피해 지역 영향 조사와 생태계 장기 모니터링을 진행하면서 해양 생태계 회복을 살피고 있습니다. 하지만 바다를 삶의 터전으로 하는 주민들은 여전히 모래 깊숙이 타르가 발견된다거나 태안 바다의 먹이사슬이 완전히 회복되지 않은 것을 우려합니다. 원래 태안 바다는 전복이나 해삼의 먹이가 되는 미역과 다시마가 풍부한 곳이었지만, 10년이 지나도록 과거의 풍부함을 되찾지 못했다는 것이지요. 생태계가 완전히 회복하는 데는 오랜 시간이 필요한 만큼 꾸준한 노력이 필요합니다.

지역 주민에게 그 사고는 경제적 피해 말고도 심각한 정신적 피해와 신체적 피해까지 끼쳤습니다. 속도는 느릴지언정 바다가 회복되는 것과는 다르게, 주민들의 건강은 점점 악화하고 있습니다. 사고 초기 기름띠를 막고 제거하는 방제 작업에 투입된 주민에게는 방제복이나 마스크 등을 지급하지 않았기에, 원유에 포함된 벤젠이나 톨루엔 등 일급 발암물질이 몸속으로 침투되었을 가능성이 매우 높았지요. 전립선암이나 백혈병, 천식 등의 질병에 걸린 사람들이 늘어만 갔습니다. 건강 피해 보상에 대한 소송이 증가했으며, 보상금을 두고 주민들 사이의 갈등마저 심해지면서 심리적인 고충도 쌓여갔습니다. 이에 환경부와 충청남도는 피해 지역 주민들의 건강 영향 조사를 꾸준히 진행하며 회복을 돕고 있습니다.

사실 이 사고는 인재(人災)였습니다. 삼성중공업이 기상 상황 등을 고려해 운항 일정을 조정했거나, 허베이 스피릿호가 이중선체 의무 규정(유조선의 안전성을 높이고 해양오염을 방지하기 위한 국제 해사 규정)을 지켰다면 발생하지 않았을 사고였지요. 그래서 정확하게 말하자면 사고를 유발한 주체를 명시해 '삼성-허베이 스피릿호 기름 유출 사고'라고 불러야 하지만, 당시에는 흔히 '태안 기름 유출 사고'라고 보도되었습니다. 기업의 이미지가 나빠질 것을 우려한 삼성이 언론을 통제했기 때문이지요. 심지어 삼성은 사고의 책임이 있었음에도 아무런 입장도 밝히지 않다가 사고 47일 만에 때늦은 사과문을 발표했을뿐더러, 증거를 조작했다는 의혹마저 받을 정도로 기업의 이익에만 충실한 행보를 보이는 등 실망스러운 모습을 드러냈습니다.

삼성-허베이 스피릿호 사고를 겪은 주민들에게 가장 위로가 된 것은 '123만 명의 자원봉사자들'입니다. 사고가 발생한 지 10년 후 「연합뉴스」는 다음과 같은 주민의 인터뷰를 실었습니다. "아스콘을 깔아놓은 듯한 바닷가에서 수거한 기름을 육지에서 모터 펌프로 퍼 올리고, 세숫대야로 기름을 담아 나르는 주민 모두 기름과 땀과 눈

삼성-허베이 스피릿호 기름 유출 사고 당시 방제 작업을 하는 사람들

물로 뒤범벅될 즈음 기적이 시작됐다", "자원봉사자의 끊이지 않는
발길과 피와 땀이 쌓이면서 영원할 것 같았던 검은색 모래가 시나브
로 사라지는 기적을 체험했다." 이윤을 위해 '인재'를 초래한 기업,
정부의 부족한 대응, 그것을 넘어선 것은 결국 사람들의 따뜻한 마
음과 연대였음을 확인하게 됩니다.

석유로 얻는 이익, 바다를 오염시키다

석유로 인한 바다의 오염은 하루이틀 일이 아닙니다. 1995년 7월 23일에는 전라남도 여천군 남면 소리도 앞에서, 호남정유(현재 GS칼텍스)의 유조선 씨프린스호가 암초에 부딪히면서 5,000여 톤의 벙커시유와 원유가 유출되었습니다. 그 사고로 해상 204km, 해안 7km에 이르는 지역이 오염되었는데, 해안가의 기름을 제거하는 데만 3개월이 넘게 걸렸습니다.

이 사고는 우리나라 해양오염 대책에 변화를 불러오는 중요한 계기가 되었습니다. 국가 방제 체제를 정비하도록 해양오염방지법을 개정하고, 기름 오염 대비·대응 및 협력에 관한 국제협약(OPRC 협약)에 가입하는 등의 후속 조치가 이어졌지요. 또한 대량의 기름이 바다에 유출되면 해양 생태계에 막대한 피해를 준다는 점과, 한번 오염된 바다를 복원하기란 거의 불가능하다는 점 등을 깨닫는 계기가 되기도 했습니다. 실제로 삼성-허베이 스피릿호 사건이 일어났을 때 만리포, 천리포, 모항, 안흥항과 가로림만, 안면도까지 기름띠가 유입되면서, 세계적인 철새도래지인 천수만의 생태계가 위기에 처하기도 했으니까요. 천수만은 우리나라를 찾는 겨울철새 3분의 1이 머무는 소중한 갯벌입니다.

기름 유출 사고 가운데 막대한 인명 피해를 초래한 사례도 있습니다. 2010년 4월 20일, 영국 최대 기업이자 세계 2위 석유 회사 BP의 시추선인 딥워터 호라이즌이 미국 멕시코만에서 폭발했습니다. 그 폭발로 11명의 시추 노동자가 사망하고 18명이 중상을 입었습니다. 또 당시 폭발로 부러진 시추관에서 원유가 뿜어져 나와, 하루에만 약 2만~3만 배럴의 원유가 바다로 유출되었습니다.

해면을 덮은 기름은 순식간에 남한 면적의 절반 크기를 넘기고, 5월에는 한반도 면적을 넘어섰습니다. 시추공에서 유출되는 기름의 양은 어마어마했지만, 1,500m 해저에서 발생한 사고 현장에 아무도 접근하지 못하는 바람에 기름 유출을 막기까지 어려움을 겪었습니다. 결국 사고가 일어난 지 87일이 지난 후에야 유정을 막는 데 성공했지만, 이미 최소 5억ℓ 이상의 원유가 해양 생태계로 유출된 후였지요. 그 양조차도 정확하진 않습니다. 바닷속으로 유출된 원유가 얼마나 되는지 우리는 영원히 알 수 없을 테니까요.

이 사고는 미국 역사상 최악의 참사로 기록되었습니다. 2017년 영화로도 제작되었을 정도입니다. 사고를 일으킨 기업 BP는 약 21조 원의 배상금을 물어주기로 했는데, 이는 사고 관련 배상금으로 최대 규모입니다. 하지만 아무리 어마어마한 금액을 배상하더라도, 오염된 바다와 잃어버린 생태계는 되돌릴 수 없습니다.

또 다른 국제범죄, 에코사이드

검은 기름을 뒤집어쓴 펠리컨의 사진을 본 적이 있나요? 세균성 폐렴에 걸려 떼죽음을 당한 돌고래 이야기를 들어본 적이 있나요? 타르를 뒤집어쓴 산호초를 상상해 보았나요?

기름은 물보다 가볍기 때문에, 유출된 원유는 해수면에 얇은 막을 만들며 퍼져나갑니다. 가벼울수록 얇고 빠르게 퍼져나가지요. 그중 더 가벼운 것은 대기 중으로 날아가고, 물에 녹지 않은 기름은 끈적끈적하게 굳습니다. 가장 무거운 것은 '타르볼'이 되어 가라앉지요. 바다 위에 기름막이 생기면 물속으로 들어가는 산소를 차단하여 해양생물의 호흡을 방해하고, 끈적한 기름은 해수면에 내려앉은 새들의 날개에 들러붙어 비행을 불가능하게 합니다. 가라앉은 타르볼은 바위나 모래에 달라붙어 해양식물의 성장을 방해하고, 작은 어류들의 터전을 파괴합니다.

인류 전체에 해를 끼친 사람을 처벌하는 사법기구가 있습니다. 국제형사재판소로, 여기서는 집단학살, 전쟁범죄, 반인류 범죄, 침략범죄 등 네 가지의 범죄를 다룹니다. 2021년 6월 유럽의 시민단체인 '스톱 에코사이드(Stop Ecocide)'는 에코사이드를 국제형사재판소에서 처벌할 수 있는 범죄로 규정하기 위한 법적 정의를 제출했습니다.

에코사이드(Ecocide)는 환경(eco)과 집단학살(genocide)의 합성어로, '장기간 환경에 심각하고 광범위한 피해가 발생할 가능성이 크다는 것을 알면서도 저지르는 불법적이고 무자비한 행위'라고 정의됩니다. 에코사이드의 법적 정의를 마련하는 과정에 참여한 변호사 발레리 카바네스는 "에코사이드는 국제형사재판소에서 다루는 네 가지 범죄 못지않게 심각합니다"라고 말하면서 에코사이드로 인해 인류의 생존이 위태로울 수 있다고 주장했습니다. 대표적으로 기름 유출 사고나 태평양의 쓰레기 섬, 방사능 오염 등이 에코사이드에 포함됩니다.

프랑스는 2021년 유럽연합(EU) 최초로 에코사이드를 범죄로 규정했습니다. 우크라이나도 에코사이드를 범죄로 여기고, 2023년 댐을 붕괴시켜 광범위한 환경 파괴를 일으킨 사건과 관련하여 러시아를 상대로 에코사이드 범죄 혐의를 조사하기도 했지요. 이 외에도 러시아와 베트남 등 일부 국가들은 에코사이드를 법적으로 규정하고 있습니다. 만약 딥워터 호라이즌 사고가 발생한 2010년이나 삼성-허베이 스피릿호 사고가 일어난 2007년 전에 에코사이드 범죄가 성립되었다면 어땠을까요? 보상금이 아니라, 석유 산업을 위해 해양 생태계를 위협한 자들에게 더 큰 책임을 물을 수 있지 않았을까 생각해 봅니다.

4
방사능에 오염된 물을 마시는
니제르

여성 최초로 노벨 물리학상을 받은 마리 퀴리, 일명 퀴리 부인은 라듐과 방사능 연구로 큰 업적을 남겼습니다. 하지만 결국 방사선에 피폭되어 사망하게 되지요. 마리 퀴리의 연구에 따라 라듐에 대한 관심이 높아지면서, 라듐을 이용한 제품들이 쏟아져 나왔습니다.

그 가운데 하나가 시계였습니다. 시계에 야광 효과를 내기 위해 라듐을 덧칠하는 과정을 거치는데, 공장 노동자들은 라듐을 칠하는 붓끝을 뾰족하게 만들기 위해 붓에 침을 바르곤 했습니다. 그 과정에서 치사량에 이르는 라듐을 섭취하게 되었고, 손톱이나 치아도 방사선에 피폭되었습니다. 이 사건은 노동환경 문제와 방사성 물질의 위험성을 알리는 계기가 되었고, 훗날 당시의 여성 노동자들은 '라듐 걸스'라고 불리며 그 이야기가 영화로도 제작되었습니다.

아이들이 다섯 살이 되기도 전에 죽는 나라

벌써 10년도 더 지난 것이지만, 여전히 제게 충격으로 남은 보고 서가 있습니다. 국제 환경단체인 그린피스가 발표한 것으로, 니제 르라는 작은 나라의 아이들이 방사능에 오염된 공기와 물을 마시며 4명 가운데 한 명이 다섯 살 전에 사망한다는 내용이었습니다.

그린피스 활동가들이 우라늄 광산이 있는 아코칸 지역에서 방사 능 오염도를 측정했는데, 그 지역 모래에서 일반 모래보다 100배 나 높은 방사능이 검출되었습니다. 아코칸 거리에서는 다른 곳보다 500배나 넘는 방사능이 검출되었고요. 그린피스는 우라늄 광산 지 역에 쌓인 3,500만 톤의 폐기물 가운데 85%가 방사능을 포함하고 있다고 기록했습니다. 사람들이 다니는 길에 쌓여 있는 방사능은 당 연히 그 지역의 공기와 물에 유입되고, 인체에도 영향을 미칩니다. 방사선 피폭이 매우 일상적인 일이 되는 것이지요. 그린피스의 보 고서에 따르면, 8만 명에서 10만 명에 이르는 인근 주민들이 우라늄 광산에서 흘러나온 방사능에 노출된 상태입니다.

노출된 방사능이 사라지기까지는 수십 년에서 수천 년이라는 매 우 긴 시간이 필요합니다. 방사능에 노출되면 인체의 세포가 영향을 받아서 손상되거나, 심지어는 목숨을 잃을 수도 있습니다. 암 발생률 이 높아지는 것도 같은 이유지요. 게다가 성인보다 몸집이 작은 어린이는 성인과 같은 양의 방사선에 노출되더라도 그 피폭 정도가 더 큽니다. 산모가 방사선에 노출되면 태아는 더 심각한 영향을 받을 수 있고, 성장에 장애를 겪거나 기형이나 암 등이 발생할 가능성도 커집니다. 이렇다 보니 니제르는 유아 사망률이 가장 높은 나라이며, '아이 엄마로 살기 힘든 나라' 1위에 오르기도 했습니다.

니제르는 아프리카의 사헬 지역에 있는 국가로, 우라늄 자원이 매우 풍부한 곳입니다. 사우디아라비아에 석유가 있다면 니제르에는 우라늄이 있다고 말할 정도였다고 하지요. 한때 세계에서 두 번째로 큰 규모의 우라늄 광산을 보유했던 니제르는 2021년 기준으로 세계 6위의 우라늄 생산국입니다. 매장량은 27만 톤으로 세계 9위이며, 전 세계 우라늄의 5%를 보유한 것으로 분석됩니다.

이렇게 우라늄을 많이 생산하는 니제르는 경제적으로 성장한 국가일까요? 안타깝게도 그렇지 않습니다. 니제르는 일인당 GDP가 591달러밖에 되지 않는 국가로, 2021년 유엔 통계 기준으로 195개국 가운데 184위입니다. 세계 최빈국인 것이지요. 우라늄을 생산해 경제적 풍요를 누리기는커녕 오히려 영양실조와 전염병 등으로 고통받고 있습니다. 우라늄을 이용해 직접 핵발전소를 가동하고 전기를 얻는 것도 아닙니다. 오히려 니제르 국민의 80% 이상이 전기를 공급받지 못합니다.

프랑스 핵발전소와 니제르의 눈물

프랑스는 세계에서 핵발전을 많이 사용하는 나라 가운데 하나입니다. 무려 56기의 원자로가 있고 전체 전력의 70%를 핵발전으로 생산하지요. 최근에는 화석연료의 비중을 낮춘다는 명목으로 신규 핵발전소 건설 계획을 세우고 있기도 합니다.

그런데 문제는 그 정책의 한가운데 바로 니제르가 있다는 사실입니다. 프랑스는 핵발전을 가동하는 데 필요한 우라늄을 얻기 위해, 니제르를 50년 이상 식민지화하는 정책을 폈습니다. 독일의 시사 주간지 「슈피겔」은 그런 상황에 대해 "유럽 기업에 의해 니제르는 '죽음의 국가'가 되었다"라고 보도하기도 했습니다.

니제르는 1960년 프랑스에서 독립한 국가입니다. 하지만 프랑스는 니제르의 우라늄이 필요했기에, 국영기업 아레바(현재의 오라노)를 통해 1968년부터 니제르의 우라늄 광산 개발권을 획득했습니다. 그 후 지금까지 자국의 핵발전 연료를 공급받았을 뿐만 아니라 유럽 각지에 판매하기도 했습니다. 아레바는 니제르에서 총 13만 톤 이상의 우라늄을 생산했는데, 이는 지난 50년 동안 프랑스 광산에서 채굴한 양의 2배에 달합니다. 프랑스는 우라늄을 얻기 위해서 니제르의 군사 안보, 제품 시장 및 개발 지원 등을 보장했습니다. 심지어 외부 위협이나 쿠데타의 위험에서 니제르의 지도자를 보호하는 내용까지 협정 내용에 포함했습니다. 그런 방법을 통해 프랑스는 니제르에 경제적·정치적 영향력을 계속 이어갈 수 있었습니다.

2010년 니제르의 마마두 탄자 대통령이 축출된 사건은 그러한 사실을 알려주는 대표적인 사례입니다. 마마두 대통령은 2008년 우라늄 가격을 크게 인상하고 프랑스가 아닌 기업에 우라늄을 판매하려고 했지만, 결국 군부에 의해 축출되고 맙니다. 마마두 대통령이 축출된 후 불과 1년 만에 전 아레바 직원이었던 마하마두 이수푸가 대통령이 되었습니다. 니제르에 쿠데타가 일어났을 때도, 프랑스는 우라늄 광산이나 오라노 기업을 보호하기 위해 수시로 군대를 파견했습니다. 자국의 이익을 위한 즉각적인 행동을 보인 것이지요.

프랑스는 니제르의 우라늄 광산을 적극적으로 이용해 거대한 이윤을 남기지만, 니제르에는 그만큼의 이익이 돌아가지 않습니다. 라파엘 그랑보는 그의 책『아프리카의 아레바(Areva en Afrique)』에서, 오라노 기업이 우라늄을 수출한 가치의 약 12%만 니제르에 돌아갔다고 지적합니다. 사실상 '착취' 구조인 셈이지요. 니제르의 광산부 장관 오마르 하미두 치아나는 과거 아레바와의 우라늄 로열티 협상에서 이렇게 말했습니다. "40년 동안 니제르는 세계 최대 우라늄 생산국 중 하나였지만, 여전히 지구상에서 매우 가난한 나라입니다. 반면에 아레바는 세계 최대 기업으로 성장했습니다. 차이가 보이시나요?"

우라늄을 수출하고 니제르에 남은 것은 지독한 가난입니다. 또 방사능으로 오염된 물과 공기, 높은 유아 사망률, 파괴되는 생태계, 물 부족과 영양실조입니다. 프랑스 기업 활동을 감시하는 미디어 기관인 ODM은 2014년 아레바가 운영하는 광산의 노동자 2,600명 가운데 직업병을 인정받은 사례는 7건뿐이고, 그중 니제르 광부는 단 2명이라고 보고했습니다.

방사능으로 인한 질병이나 건강 이상은 시간이 지나서 나타나는 경우가 많습니다. 그렇다 보니, 아레바 측은 그 질병들이 방사능과 관련이 없다고 주장했습니다. 설령 관련성이 있다고 해도, 광부에 대한 의료적 후속 조치를 하지 않기 때문에 직업병으로 인정받기 어렵습니다. 당시 광산에서 일했던 광부나 가족 들은 광산에서 일한 지 2년도 되지 않아 마치 전염병에 걸린 것처럼 사람들이 죽었다고 증언했습니다. 심지어 보호 장구조차 없었다고 밝히기도 했지요. 프랑스 법원은 그에 대해 '중대한 과실'이라고 판결했지만, 아레바는 항소했습니다.

탄소중립을 위한 또 다른 착취, 우라늄

프랑스는 기후위기 대응 정책이 매우 우수하다고 평가받는 나라

입니다. 2050년까지 탄소중립을 달성한다는 목표를 제시하고 기후
헌법 제정을 논의하거나, '에너지기후법'을 제정하는 등 적극적인
노력을 기울이고 있지요. 기차로 2시간 30분 이내 거리의 국내선 항
공 노선을 폐지하거나, 화석연료 광고를 금지하는 법안을 제정한 정
책은 세계의 주목을 받았습니다. 탄소중립 목표를 위해 화석연료 소
비를 줄이고 태양광, 풍력, 수력, 바이오매스 등 재생에너지를 대대
적으로 늘리겠다는 계획도 세웠습니다.

　하지만 거기에 핵발전 보강 전략을 포함한다는 것이 문제입니
다. 2017년까지 집권한 올랑드 대통령은 핵발전의 위험 등을 고려
하여 프랑스의 핵발전 비중을 낮추는 것을 원칙으로 노후 핵발전소
폐쇄를 서둘렀지만, 그 후 취임한 마크롱 대통령은 이를 번복했습니
다. 핵발전 의존도를 50%로 낮추되 달성 시기를 기존의 2025년에서
2035년으로 연장하고, 소형원자로(SMR) 계획을 포함시키며, 신규
핵발전소 건설도 계획했습니다. 그러면서 그 모든 일을 '탈탄소 프
랑스 건설'을 위한 계획으로 포장했지요.

　화석연료에서 발생하는 탄소는 기후변화의 원인이며, 전 세계적
기후위기를 초래했습니다. 우리 사회에서 화석연료를 퇴출하는 것
은 매우 중요한 과제입니다. 우라늄은 금속 성분이기 때문에 채굴하
고 운반하고 연료로 제련하는 과정에서는 탄소가 발생하지만, 석탄
이나 가스처럼 직접 태워서 사용하는 화석연료보다는 탄소를 적게

배출합니다. 이렇다 보니 탄소를 줄이겠다는 목적으로 핵발전이 고려되기도 합니다. 하지만 핵발전에는 '탄소'의 위험이 아닌 '방사능'의 위험이 있습니다. 핵발전을 늘리는 것은 기후위기를 해결하기 위해 다른 위험을 가중시키는 잘못된 일입니다.

니제르만의 문제가 아닙니다. 2000년대 들어서 급격히 생산량을 늘려 세계에서 가장 많은 우라늄을 공급하고 있는 카자흐스탄이나, 그 뒤를 이은 나미비아 역시 빈곤국 중 하나입니다. 그리고 그 나라들에서 우라늄을 캐서 이익을 얻는 것은 오라노나 캐나다의 카메코와 같은 대기업입니다. ODM 보고서의 한 문구를 다시 떠올려 봅니다. "프랑스 국민은 니제르 광부들 수백 명의 노고 덕분에 빛과 난방을 얻습니다."

5

성장의 동력,
탄광에서 희생된 석탄 채굴 노동자

서울 광화문을 지나가는데 휘날리는 광고 현수막이 눈에 들어왔습니다. "석탄 시대" 어떤 내용일까 궁금해서 '석탄 시대' 전시를 개최한 대한민국역사박물관 누리집에 얼른 들어가 보았습니다. 누리집은 전시 취지를 이렇게 소개하고 있었어요. "국내 최대 규모의 탄광인 장성광업소와 도계광업소가 올해와 내년 차례로 문을 닫습니다. 산업 성장의 동력이자 서민의 연료였던 석탄의 시대가 저물고 있습니다. 대한민국역사박물관은 문경, 보령, 태백의 석탄박물관과 함께 찬란했던 대한민국의 석탄 시대를 돌아보고자 합니다."

석탄은 우리나라 산업 발전의 동력이었지만, 그 뒤에는 많은 희생도 있었습니다.

폭탄이 터졌다

1979년 4월 14일 오후, 대한민국 강원도 정선군 신동면 함백탄광에서 광차를 탄 광부들이 탄광으로 들어갈 때였습니다. 자미갱 입구에서 광차에 실려 있던 화약이 폭발했습니다. 26명이 사망하고 6명이 실종되었으며 34명이 다쳤을 정도로, 대한석탄공사 역사상 가장 큰 사고였습니다. 당시 언론에는 "광부 40명은 광차 6량에 나눠 탑승했고, 화약은 광부가 탄 네 번째 광차에 실려 있었다", "사고 현장은 눈 뜨고 볼 수 없을 정도로 처참했다"라는 보도가 실렸습니다.

함백은 정선군 석탄 개발의 시작을 알리는 역사적인 곳입니다. 1948년에 개광한 함백탄광은 정부 시책인 '함백 개발계획'으로 조성된 탄광입니다. 석탄 매장량이 2억 톤에 달하며, 1976년에는 73만 톤의 석탄을 생산하기도 한 대규모 탄광이지요. 함백탄광은 1993년까지 총 1,700만 톤의 석탄을 생산한 후 폐광했는데, 그동안 명실공히 정선군 석탄 산업의 중심지였습니다. 1961년 당시 정선군의 인구 7만여 명 중 함백탄광이 위치한 신동면에 25%인 1만 7,000여 명이 살았다니, 당시 함백탄광의 의미를 짐작할 수 있습니다. 1963년 함백광업소의 직원만 해도 1,894명이었다고 합니다.

국가의 전력을 석탄으로 공급하던 시기, 석탄 부족은 전력 생산과 산업에 크게 영향을 미쳤습니다. 정부는 신속히 무연탄의 안정적인 공급을 추진하게 되었지요. 1957년 개통된 영월과 함백 사이의 함백선 및 경제개발 5개년 계획으로 건설된 증산역과 정선 사이의 정선선 등 산업철도가 정선을 중심으로 발달한 것도 그런 배경 때문입니다.

자원이 많지 않은 우리나라에서 석탄은 경제적 가치가 엄청난 화석연료입니다. 따라서 1970년대 석탄은 경제 성장과 산업 발전에 소중한 자원이 되었고, 당연히 석탄 생산량을 빠르게 증대하는 것이 국가적 과제로 떠올랐습니다. 함백탄광의 참사는 그 과정에서 일어난 안타까운 사고였습니다. 왜 갑자기 화약이 폭발했는지, 당시 광부들에게 안전복은 있었는지, 이런 물음에 대한 답을 찾기는 사실 어렵습니다.

정선의 함백탄광 기념비에는 함백광업소가 관할하는 곳에서만 광부 175명이 사망하고 6,500명이 다쳤다고 기록하고 있습니다. 국가의 경제개발 정책으로 수많은 광부가 정선으로 모여들었고, 어둡고 뜨거운 땅속에서 그들의 고된 노동이 경제 발전을 뒷받침했습니다.

폭발로 희생된 탄광 노동자들

2014년에 상영한 영화 「국제시장」은 1950년대 한국전쟁 이후로

정선군 최초 석탄 개발지인 함백광업소의 광부들

현재까지 격변의 시대를 살아온 사람들의 이야기입니다. 배우 황정
민이 연기한 주인공 덕수는 가족의 생계를 위해 독일에 광부로 파견
됩니다. 그러나 그곳의 광산에서 새어 나온 메탄가스 때문에 목숨을
잃을 위기에 처하고 말지요.

　탄광 노동자들은 늘 크고 작은 사고에 대한 불안감을 안고 살아갑
니다. 태백의 장성광업소에서는 1994년 가스 유출 사고로 광원 10명
이 숨진 데 이어 1997년의 가스 폭발 사고로 광원 6명이, 1999년에도
가스 누출로 광원 3명이 숨졌습니다. 장성광업소는 17개의 막장에서

석탄 채굴 작업을 벌이지만, 가스 감지 장치는 불과 다섯 곳에만 있었습니다. 한 광업소에서도 그처럼 사망 사고가 잦다는 것은 탄광에서의 작업이 얼마나 위험한 노동인지 잘 보여줍니다. 그렇지만 그들에게 탄광은 일터였고, 삶을 유지하는 삶터였습니다.

중국의 산시성 탄광에서도 비슷한 사고가 발생했습니다. 2019년에 발생한 가스 폭발 사고로 15명이 사망하고 9명이 부상했으며, 2023년에도 11명이 사망하는 사고가 있었습니다. 산시성의 탄광은 붕괴 사고도 잦아 목숨을 잃는 노동자들이 많습니다. 중국 전체량의 20%나 되는 석탄이 매장되어 있는 산시성 탄광은 중국에서도 손꼽히는 규모의 석탄 생산지입니다. 중국도 경제개발을 목표로 안정적인 에너지를 공급하기 위해 석탄 생산량을 늘려야만 했습니다. 그 과정에서 산시성 탄광은 한때 중국 전체 생산량의 3분의 1을 차지하는 11억 9,300만 톤의 석탄을 생산하기도 했습니다.

2021년에는 파키스탄의 탄광에서도 가스 폭발로 광부 8명이 300m 지하에 고립되었다가 6명이 사망하는 일이 발생했습니다. 이외에도 호주에서, 이란에서, 러시아에서 수많은 탄광 노동자들이 가스 폭발로 목숨을 잃었습니다. 2014년 튀르키예에서 발생한 가스 폭발 사고는 무려 400명이 넘는 광부들의 목숨을 앗아갔지요.

석탄은 대부분 육상식물에서 만들어집니다. 나무와 같은 식물 성분이 토양 속 미생물에 의해 완전히 분해되지 않고 쌓이면, 아주 오랫동안 서서히 변화하면서 결국 석탄으로 탄생하게 됩니다. 그 과정에서 석탄층 사이사이 메탄이 만들어지기도 합니다. 그래서 석탄 광산에는 많은 양의 메탄이 존재하고, 석탄을 캐면 동시에 메탄가스가 나오게 되는 것이지요. 장성 광산에서 석탄 채굴 노동자들이 가스 폭발로 사망한 것도 바로 그처럼 발생한 메탄 때문입니다. 메탄은 탄광 노동자들의 목숨을 앗아가기도 하지만, 대기로 유출되어 지구 온난화를 초래하기도 합니다.

값싼 에너지원이 만든 값비싼 대가

지금도 수많은 나라가 석탄을 이용해 산업을 유지합니다. 석유나 우라늄이 일부 국가에서 한정적으로 생산되는 것과 달리, 석탄은 지구촌 대부분의 국가에 매장되어 있습니다. 이렇다 보니, 석탄은 가장 값싸고 사용하기 쉬운 에너지원이 되었지요. 우리나라만 해도 석탄으로 만드는 전기가 전체량의 약 30%에 달합니다.

국제에너지기구(IEA)는 보고서 「석탄 2023」을 통해, 전 세계 석탄 사용량이 2023년에는 85억 톤을 넘은 이후 점차 감소할 것으로 전망했습니다. 2023년 제28차 기후변화협약 당사국총회에서 석탄발전 감축을 합의한 것도 석탄 수요 감소에 영향을 미칠 것입니다. 하지만 급속도로 경제 성장을 이루고 있는 중국이나 인도, 인도네시아 등에서는 오히려 석탄 사용이 급격히 늘어나고 있습니다. 이들 3개 국의 석탄 생산량이 전 세계 생산량의 70% 이상을 차지할 정도입니다. 우리나라도 여전히 석탄발전을 감축하는 속도가 더딥니다. 심지어 신규 석탄화력발전소를 건설해 가동하기 시작했고, 다른 국가의 석탄발전 건설에 투자하기도 합니다.

비교적 저렴한 비용으로 이용할 수 있는 석탄은 경제 성장을 목표로 했을 때 매우 유혹적인 에너지원입니다. 기후변화의 원인이 된다는 사실은 '성장'이라는 욕구 속에 숨어버리게 되지요. 그 과정에서 노동자들의 '안전한 노동'은 더욱 설 자리를 잃게 됩니다. 값싼 석탄을 이용하려는 욕심, 그 뒤에는 더욱 가속되는 기후변화와 위험한 노동이라는 값비싼 대가가 기다리고 있습니다.

6

셰일 산업으로 지진이 발생한
미국 오클라호마주

"이번 여름휴가 취소할까 말까?" 친구가 전화를 걸어와 제게 묻습니다. 일본에서 큰 지진이 발생했고, 또 연이은 지진이 날 수 있다는 우려 때문이었지요. 해외여행 경험이 없는 아이들과 함께 가기 위해 고르고 고른 휴가지인데, 하필이면 지진 위험 지대였던 것입니다. 결국 친구는 아쉽긴 하지만 아무래도 무섭다며, 항공권 취소 수수료를 잔뜩 무는 편을 선택했습니다.

저도 일본 출장에서 지진을 경험한 적이 있습니다. 진도 4의 비교적 약한 지진이었지만, 몸에 전해지는 진동은 상당히 위협적이었지요. 다시는 겪고 싶지 않은 일이었습니다. 최근에는 지진이 한국에서도 곧잘 발생합니다. 그때마다 우리나라 건물은 내진 설계가 잘 되어 있나 괜스레 걱정이 들기도 합니다.

사람이 지진을 일으켰다고?

"2015년 한 해 동안 무려 5,000번 이상의 지진이 발생했다." 미국 오클라호마의 일입니다. 오클라호마는 미국의 가운데 위치한 곳으로, 역사상 '지진 안전지대'였습니다. 규모 3.0 이하의 지진이 1년에 한 번 발생할까 말까 할 정도였지요. 그런데 2009년에 20회의 지진이 발생하더니 점점 증가해서 2014년에는 500회가 훌쩍 넘었고, 2015년에는 5,000번의 지진이 발생했습니다. 게다가 그 규모도 커졌습니다. 2016년에는 규모 5.0 이상의 지진이 2회 이상 발생했고, 2024년에도 5.1 규모의 지진이 발생했습니다. 2017년에는 규모 4.2의 지진을 포함하여 하루에 8번이나 지진이 발생해서 멀미가 날 정도였다고 하지요.

지진의 발생 빈도도 잦아져서 주민들은 내내 불안해하고 있습니다. 2015년 5월 6일 「파이낸셜 타임스」 기사에 실린 주민 인터뷰를 보면, 당시의 오클라호마주는 사실상 '전쟁 상황'에 비견될 정도였습니다. "폭탄이 투하되지 않았을 뿐 연일 지진이 발생하고 있지 않은가. 지진이 우리 집 곳곳을 갈라지게 하고 있다."

도대체 오클라호마에 무슨 일이 생긴 걸까요? 미국 에너지정보청은 "지진 발생이 증가한 때는 셰일에서 채굴하는 석유와 천연가스 생산량이 늘어난 시점과 일치한다"고 분석했습니다. 즉 지진 발생이 셰일 산업 때문이라는 말입니다. 오클라호마는 미국 셰일 산업의 중심지입니다. 셰일 산업은 셰일 오일과 가스를 포함하는데, 오클라호마에는 무려 4,000여 개 이상의 셰일 유정이 있을 만큼 그 규모가 어마어마합니다. 땅속에서 기름과 가스를 얻기 위해 그처럼 엄청나게 많은 구멍을 뚫었다고 하면 이해가 될까요? 그런데 문제는 셰일 오일이나 가스를 얻는 방법이 일반적인 원유나 가스를 채굴할 때와는 좀 다르다는 것입니다.

보통 원유와 천연가스를 채굴하는 작업은 시추관을 수직으로 박아 지구의 퇴적층에 고여 있는 원유와 천연가스를 뽑아 올리는 방식으로 진행합니다. 하지만 셰일 추출 공법은 조금 다릅니다. 셰일 오일과 가스는 '고여 있는' 원유나 천연가스가 아니거든요. 셰일 오일과 가스는 오랜 세월 모래와 진흙이 쌓여 단단하게 굳은 수평의 퇴적암인 '셰일(shale)' 속에 섞여 있는 것을 말합니다. 퇴적암에 포함되어 있기 때문에, 단순한 수직 시추관으로는 그것들을 추출할 수 없습니다.

셰일 추출 공법에서는 시추관을 수직으로 넣은 후 다시 수평으로 구부려 사용합니다. 그 시추관을 통해 화학약품이 포함된 물을 고압으로 쏘아 보내 원유와 가스가 저장된 지층을 파쇄해서, 그 속의 원유와 가스만 뽑아내 사용하는 것이지요. 이런 공법을 '프래킹 공법(hydraulic fracking, 수압파쇄 공법)'이라고 하는데, 한 번 셰일층을 부술

때 약 6만 5,000명이 하루 동안 쓸 수 있을 정도로 많은 양의 물이 사용됩니다.

이때 생성된 폐수는 지하에 저장하는데, 이것이 결국 지진을 일으키는 원인으로 지목되고 있습니다. 화학물질이 포함된 폐수는 강이나 바다에 버릴 수 없으므로, 셰일 개발 기업들은 주로 지표면 아래 별도로 만든 공간에 이 폐수를 주입합니다. 이처럼 폐수를 주입하는 것이 바로 지진 발생의 주요 원인이라는 것이지요. 결국 오클라호마에서는 지진 때문에 일부 지역의 셰일 시추 작업이 중단되기도 했습니다.

우리가 알고 있는 지진은 대표적인 자연재해입니다. 『표준국어대사전』은 지진에 대해 "오랫동안 누적된 변형 에너지가 갑자기 방출되면서 지각이 흔들리는 일. 지학(地學)에서는 지구 내부의 한곳에서 급격한 움직임이 일어나 그곳에서 지진파가 시작되어 지표까지 전하여지는 일"이라고 정의합니다. 그런데 이제 석유와 가스를 얻기 위한 인류의 활동이 지진을 만들어 내기에 이른 것입니다. 전문가들은 그렇게 발생하는 인공지진을 셰일과 지진을 합쳐 '셰일 퀘이크(shale quake)'라고 부릅니다.

에너지 혁명이 만든 성장, 그리고 재앙

2008년 최악의 경제위기로 어려움을 겪고 있던 미국은 '셰일 혁명'을 통해 다시 국제적 지위를 견고히 할 수 있었습니다. 2010년대 셰일 가스 개발을 시작한 지역은 일자리가 늘고 사람들이 모여들면서 새로운 도시로 탈바꿈했습니다. 경제위기로 치솟았던 실업률도 뚝 떨어졌고요. 미국은 러시아와 사우디아라비아를 제치고 2018년에 원유 생산량 1위 국가로 올라섰습니다. 결국 셰일 가스 열풍은 80년 만의 최대 경제위기를 벗어나게 해준 기반이 되었지요. 오바마 대통령이 2012년 신년 연설에서 "셰일 가스를 개발해 2020년까지 60만 개의 일자리를 창출하겠습니다"라고 말했을 정도이니, 당시 미국의 셰일 산업 규모가 얼마나 대단했는지 짐작할 수 있습니다.

셰일층에 갇혀 있는 천연가스의 양은 어마어마해서, 지구상 전체 천연가스 매장량의 약 75%에 달하는 것으로 추정됩니다. 프래킹 공법이 발달하면서, 이전에는 채굴할 수 없었던 셰일 가스를 사용하게 되었고 세계 에너지의 흐름도 바뀌었습니다. 석유가 고갈될 수 있다며 에너지 위기를 우려하던 시대에서, 앞으로도 충분한 석유가 있다고 전망하는 시대가 되었습니다. 미국은 자국의 석유는 사용하지 않은 채 수입에 의존해 오다가, 원유를 수출하게 되면서 소위 산유국의 눈치를 보지 않아도 되었습니다.

상황이 이렇게 되자, 중국과 캐나다를 비롯한 여러 국가가 셰일 가스 생산정을 개발하기 시작합니다. 그들도 셰일 혁명의 가도에 올라타고 싶었을 테니까요. 실제로 중국에는 미국과 캐나다를 합친 매장량과 맞먹는 양의 셰일 가스가 있다고 밝혀졌지요. 그러나 주요 매장지 인근의 물이 부족한 탓에 개발이 지연되다가, 쓰촨성을 중심으로 중국의 석유 기업과 세계적인 석유 기업들이 손을 잡고 셰일 가스를 채굴하기 시작했습니다. 하지만 2019년 쓰촨성에서 규모 4.7에 이은 세 차례의 지진이 일어났고, 사망자도 발생했습니다. 단기간에 여러 번 발생한 지진을 두고 셰일 가스 채굴 때문이라는 여론이 거세지면서, 결국 지방정부는 셰일 가스 채굴 중단을 약속합니다.

캐나다 역시 활발하게 셰일 가스 투자 유치를 하고 있습니다. 하지만 캐나다는 가스를 추출하려는 토지 대부분이 원주민 소유여서, 원주민의 지지를 확보하는 것이 핵심 과제입니다. 지진 때문에 프래킹 공법 사용을 중단했던 영국은 러시아-우크라이나 전쟁으로 에너지 위기를 겪으면서, 2022년 셰일 가스 추출을 허용하기도 했습니다.

이처럼 셰일 가스는 경제 성장과 에너지 흐름에 커다란 영향을 끼칩니다. 하지만 그만큼 파괴와 재앙을 몰고 오기도 하지요. 앞서 언급한 지진 말고도 지하수 오염이나 물 부족 문제 역시 매우 심각합니다. 지하 수천 미터 아래 퇴적층에 묻혀 있는 가스와 원유를 프래킹 공법으로 추출하는 과정을 통해, 엄청난 양의 물을 사용하고 화학물질을 첨가하기 때문에 환경문제가 심화됩니다.

실제로 셰일 가스를 시추하는 현장 주변의 지하수에서 벤젠 같은 발암물질이 발견되기도 하고, 인근 주민은 사용할 물이 부족해지는 상황에 놓이기도 합니다. 또 퇴적층을 파쇄하기 때문에 지반 자체가 약해져 무너질 위험도 있지요. 그래서 오클라호마에서는 셰일 가스 반대 운동이 적극적으로 벌어지기도 했습니다.

석유와 가스, 얼마나 더 필요할까?

2024년 초, 우리나라 정부는 동해에 석유가 매장되었을 가능성이 높다며 개발을 위한 탐사시추를 진행할 것이라고 발표했습니다. 국내 전체 수요를 29년간 충당할 천연가스와 4년 이상 사용할 수 있는 석유가 매장되어 있을 것이라는 예측과 함께 말이지요. 이 계획을 실현하려면 5,000억 원이 넘는 비용과 최소 10년 이상의 기간이 필요합니다.

정말로 산유국의 꿈을 이룰 수 있는가 하는 의문부터 시작해서 조사 업체가 신뢰할 만한 곳인가, 경제적 이득은 얼마나 되는가 등 많은 질문이 꼬리에 꼬리를 물고 이어졌습니다. 당연히 지진 발생의 가능성에 대한 경고의 메시지도 나왔고요. 특히 2017년 포항에서 발생한 지진으로 막대한 피해를 겪은 우리 국민에게 지진 발생의 가능성은 민감한 문제였습니다.

실제로 지난 2023년, 네덜란드에서 지진 때문에 60년 된 가스전을 폐쇄하기로 결정한 사례도 있습니다. 네덜란드 흐로닝언 가스전은 1959년에 발견된 유럽 최대 규모의 천연가스 매장지였습니다. 그러나 인근 지역에서 1986년부터 발생한 지진 약 1,600건의 원인으로 드러나면서 폐쇄 절차를 밟았습니다. 가스 추출 공사로 인해 지하 암석에 가해지는 압력이 감소하면서 지반의 불안정을 초래했다는 사실이 밝혀진 것이지요.

지진의 가능성을 논하기 전에, 우리가 놓치고 있는 사실 하나를 짚고 넘어가야 합니다. 바로 현시점에서 가스전 탐색과 개발이 어떤 의미를 지니는가 하는 것입니다. 기후변화의 원인이 화석연료를 사용한 인간의 활동 때문이라고 보고되고 있는 지금, 더 많은 화석연료를 사용하기 위한 개발은 정의로울 수 없습니다.

2050년까지 전 세계 탄소 배출량을 '0'으로 만드는 탄소중립 목표에 도달하기 위해서는 석유와 가스를 포함한 화석연료 사용을 급격히 줄여야 합니다. 지구를 훼손하는 파괴적인 기술로 얻는 셰일 오일과 셰일 가스, 개발하는 데만 최소 10년 넘게 걸리는 동해의 석유. 에너지를 얻으려는 욕심 때문에 더 큰 재앙을 만드는 것은 아닌지 우려스럽습니다.

7

리튬 속에 담긴
원주민의 눈물

2024년, 화성시에 있는 리튬 배터리 공장에서 큰 화재가 발생했습니다. 그 화재로 중국인 17명을 포함해 22명이 사망했습니다. 불이 난 곳에는 3만 5,000개의 원통형 리튬 배터리가 있었지만, 화재 시 초기 대응을 위한 스프링클러도 없었고 안전 점검도 제대로 이루어지지 않았습니다. 그 사고로, 리튬 배터리가 화재에 취약하다는 사실이 더 많이 알려졌지요.

리튬 배터리는 작은 크기로도 많은 에너지를 저장할 수 있어서 널리 이용되지만, 그만큼 에너지가 집중되어 있기에 충격이나 손상 시 화재로 이어질 가능성이 높습니다. 빈번히 발생하는 전기차 화재도 바로 이 리튬 배터리를 이용하는 데서 비롯됩니다.

물이냐 리튬이냐, 그것이 문제로다

가끔 남미 여행을 그려볼 때가 있습니다. 두 팔을 벌린 커다란 예수상이 있는 브라질의 코르코바도 언덕, 잉카 문명의 흔적이 남아 있는 페루의 마추픽추, 남미의 파리라고도 불리며 매력이 넘치는 아르헨티나의 부에노스아이레스, 지구상에서 가장 아름답다는 칠레의 토레스 델 파이네 국립공원, 소금으로 조성된 거대한 사막인 볼리비아의 우유니. 그중에서도 우기에 물이 고인 우유니 소금 사막은 '세상에서 가장 큰 거울'이라고 불릴 만큼 별들이 반짝인다고 해서, 그곳으로의 여행은 사람들의 버킷 리스트 가운데 하나로 꼽힙니다.

그런데 그 소금 사막에서 안타까운 일들이 벌어지고 있습니다. 전통적인 방식으로 소금을 생산하던 원주민들이 리튬 때문에 일터를 잃는 일이 발생한 것입니다. 이런 현상은 그곳에 매장된 리튬을 개발하기 위해 다국적 기업이 들어오면서부터 시작되었습니다.

칠레와 아르헨티나, 볼리비아는 '리튬 트라이앵글'이라 불릴 만큼 광대한 리튬 자원을 보유한 곳으로 인정받고 있습니다. 미국 지질조사국은 그 지역에 전 세계 리튬 총 매장량의 65%인 4,700만 톤이 매장된 것으로 추산합니다. 삼성이나 LG 등의 국내 기업과 테슬라나 파나소닉 같은 세계적 기업이 전기차나 휴대전화기의 배터리를 생산하기 위해 그 지역의 리튬을 수입합니다.

다큐멘터리 「리튬이라는 이름으로」(2021)는 아르헨티나의 후후이주 엘모레노 마을을 배경으로 합니다. 그곳의 이장인 클레멘테 씨는 마을 사람들이 사용하는 우물과 수도꼭지를 살펴보지만, 물이 없다는 사실만 확인하고 맙니다. 원래 그 마을은 지하수를 사용해 농사를 짓고 가축을 키우던 곳이었습니다. 그러나 인근의 소금 사막 지역에서 리튬을 채굴하기 위해 엄청난 양의 물을 끌어다 사용하면서, 마을을 흐르는 지하수와 강물이 마르고 결국 농사는 고사하고 마실 물조차 부족한 상황이 되었다고 합니다. 클레멘테 씨와 원주민들은 리튬 광산에서 사용하는 물로 인한 문제에 집중하면서, 리튬 생산을 막기 위해 애쓰고 있습니다. 그들이 살고 있는 후후이주에는 아르헨티나 전체 리튬 매장량의 36%가 매장되어 있어서, 일본과 캐나다, 중국 등의 기업도 관심을 기울이고 있습니다.

전 세계에서 사용하는 리튬의 25%를 생산하는 칠레도 원주민의 물 부족 피해가 심각했습니다. 원주민들은 리튬을 채굴하면서부터 작물이 썩기 시작했고 물은 고갈되었다고 말하며, 도로를 봉쇄하고 단식 투쟁을 하면서 채굴에 반대했습니다. 물 부족은 농업과 같은 인간의 일상생활뿐만 아니라 생물다양성에도 영향을 미칩니다. 리튬 생산은 물 부족 문제 말고도 소금물로 인한 피해까지 초래합니다. 칠레 정부도 리튬 채굴 과정에서 사용하는 소금물 때문에 주변 농지나 습지가 건조해져서 농사를 망치고 자연환경에도 악영향을 준다며, 채굴 기업을 환경 법원에 기소했습니다.

리튬이 생산되는 과정을 보면 물 부족 피해가 심각한 이유를 알 수 있습니다. 리튬의 대부분은 소금 호수에 매장되어 있기 때문에, 일반적으로 태양과 염수를 이용해서 리튬을 추출하는 방법을 이용합니다. 소금 호수에서 염수를 뽑아 18~24개월간 수분을 증발시키는데, 리튬 1kg을 생산하기까지 평균 2,200ℓ의 소금물이 필요합니다. 당연히 그 과정에서 지역 주민들은 물 부족의 어려움을 겪게 되는 것이지요.

하지만 리튬이라는 광물을 얻고자 하는 기업에 물 부족 문제는 남의 일입니다. 오로지 그곳의 사업권을 확보하기 위해 많은 투자를 합니다. 최근 칠레에서 개발되는 소금 호수에 우리나라 기업을 포함한 12개의 기업이 관심을 나타내는 것만 보아도, 앞으로 그 피해가 얼마나 커질지 걱정스럽습니다.

리튬은 어디에 사용하나요?

쇼쇼네-파이우트 부족이 살고 있는 인디언 보호구역은 미국 남북전쟁 당시 기병대가 원주민 30여 명을 무참히 학살한 곳입니다. 그 아픔을 기억하고 사는 사람들에게 지난 2022년 청천벽력 같은 소식이 전해졌습니다. 미국 정부가 그 지역의 리튬을 채굴하겠다고 발표한 것입니다. 원주민의 뜻은 전혀 반영하지 않은 일방적인 계획이었지요. 광산 개발이 시작되면 원주민들은 터전을 잃고 그 지역의 지하수는 오염될 것입니다. 광산 개발 때문에 원주민의 삶이 무너지는 것입니다.

리튬은 대표적인 '전환 광물'입니다. 기후변화를 일으킨 화석연료 사용을 줄이고, 태양광과 풍력 등 재생에너지 시대로 전환하는 데 필요한 배터리에 주로 사용하지요. 석탄이나 가스, 석유 등의 화석연료로는 필요한 때에 필요한 양만큼 전기를 생산할 수 있었습니다. 하지만 재생에너지를 이용하면 날씨에 따라 전기 생산량이 달라집니다. 태양의 고도가 높은 한낮이나 비가 오는 날에 따라 차이가 생기고, 바람이 많은 부는 시간과 그렇지 않은 시간 사이에도 차이가 생기지요.

그래서 배터리가 필요합니다. 태양이나 바람이 전기를 많이 생산할 수 있을 때 저장해 두었다가, 전기를 생산하기 어려울 때 사용하기 위해서지요. 우리가 낮에 이동하면서 휴대전화를 이용하려면, 밤사이 충전된 휴대전화기의 배터리가 필요한 것처럼 말입니다. 전기차도 마찬가지입니다. 사용하지 않는 시간에는 전기차의 배터리를 충전해 놓고, 단거리 또는 장거리 이동에 사용하니까요.

탄소중립 사회로 전환하기 위해, 앞으로 배터리를 더욱 많이 사용하게 될 것입니다. 그리고 그런 일은 재생에너지 활용을 위한 에너지저장시스템(ESS)과 친환경 전기차에서 주로 발생할 것으로 예측됩니다. 특히 전기차용 배터리가 많이 늘어날 것으로 보이는데, 그중 필수적인 것이 리튬이온 배터리입니다.

그래서 리튬은 탄소중립 사회로 전환하는 데 핵심적인 원료입니다. 세계 주요 국가들이 리튬을 핵심 광물로 지정하고 자원을 확보하기 위해 애를 쓰는 이유가 여기 있습니다. 기존 핵심 광물이 석탄과 석유였다면, 거기에 새로운 광물이 추가되었다고 보면 됩니다. 그 과정에서 생태계 파괴와 원주민들의 피해가 심각해지고 있지만, 아직 올바른 대책을 마련하지 못하고 있습니다.

녹색 에너지로의 전환, 핵심 광물

변화는 단순히 광물을 확보하는 것에 그치지 않습니다. 핵심 광물인 석유에 대해 국가끼리 경쟁했던 것처럼, 리튬을 두고도 각국이 다투고 있습니다. 대표적인 사례로, 미국이 중국산 핵심 광물이나 배터리가 사용된 전기차를 세금 혜택 대상에서 제외한 일을 들 수 있습니다. 그로 인해 한국의 전기차 기업들이 미국 수출에 어려움을 겪었습니다.

우리나라 기업이 세금 혜택을 받으려면 호주와 캐나다, 칠레 등 미국과 우호적인 국가들에서 생산한 핵심 광물을 사용해야 합니다. 하지만 광물 수입은 몇몇 기업이 결정하기 어려운 일입니다. 외교 정책과 연결되어 있기 때문이지요. 결국 전기차 산업 정책과 외교 통상 정책의 연계가 필요합니다. 탄소중립 사회로 전환하기 위해서는 사회적·경제적 기반을 바꾸는 많은 변화가 동반되어야 함을 알 수 있습니다.

이렇다 보니 '에너지 전환의 핵심은 광물'이라는 말이 나옵니다. 흔히 화석연료에서 재생에너지로의 전환을 말하지만, 그 과정에 반드시 필요한 광물이 있기 때문입니다. 에너지 전환에 중요한 요소인 친환경 전기차나 재생에너지 발전은 내연기관차나 화석연료 발전보다 더 많은 광물을 필요로 합니다. 당연히 2050년 탄소중립 사회로 전환하는 과정에서 광물 자원의 수요 역시 늘어나겠지요.

하지만 여기서 우리가 반드시 새겨야 할 말이 있습니다. 후후이주 주민 카르티에는 말합니다. "화석연료에서 재생에너지로 전환하는 일은 필요하지만, 환경과 사회적·문화적 다양성에 해를 끼치는 특정 관행에 대한 반성도 따라야 합니다. 그저 한 가지를 다른 것으로 바꾸는 문제가 아닙니다."

2부

석탄과 핵발전소가 만들어 낸
눈물의 역사

1

핵발전 사고가 만들어 낸
거대한 재앙

아침부터 광장 한가운데 검은색 의자 311개가 놓였습니다. 의자들이 하나씩 자리를 잡아가며 "NO"라는 글자를 만들어 냅니다. 의자 하나 하나에 사람들이 만든 팻말이 붙었습니다. "핵발전소 NO", "원전 말고 안전", "우리는 안전하게 살고 싶어요" 의자들 한가운데로 핵폐기물 드럼통이 놓이고, 그 위에 방진복을 입고 방독면을 쓴 사람들이 오릅니다. "핵발전소 폐쇄하라"는 팻말을 들었습니다. 오늘은 일본 후쿠시마 핵발전소 사고가 난 지 10년이 되는 2021년 3월 11일입니다.

지진과 쓰나미, 핵발전소가 폭발했다

「스즈메의 문단속」이라는 영화를 보았나요? 주인공 스즈메가 대홍수가 났던 시코쿠 지방, 대규모 지진이 난 고베 지방 등 일본에서 실제 자연재해가 발생했던 지역을 찾아가 재난을 일으키는 '문'을 닫는 여정이 펼쳐지지요.

그중 인상 깊었던 장면은 마지막에 스즈메가 고향으로 돌아가면서 보여주는 주변의 풍경이었습니다. 마을 입구에 "귀환 불능 구역"이라고 적힌 표지판과 곳곳에 검은 봉지가 쌓인 들판 등이 보였거든요. 바로 후쿠시마 핵발전소 사고로 오염된 지역의 모습이었습니다. 방사능 오염이 심해서 아직 사람들이 들어올 수 없는 지역임을 알리는 표지판과 방사능 제염을 한 흙을 담아놓은 검은 봉지를 보여준 것이지요. 스즈메가 돌아가는 고향은 이와테현으로, 2011년 후쿠시마 핵사고로 피해를 많이 입은 지역입니다.

2011년 3월 11일 오후 2시 46분, 규모 9.0의 동일본 대지진이 발생했습니다. 이어서 대형 쓰나미가 인근 지역을 덮치면서 후쿠시마 제1핵발전소는 외부 전력이 끊어지고 가동을 멈췄습니다. 이때만 해도 핵발전소에 큰 문제는 없어 보였습니다. 하지만 비상 전원을 공급하는 배터리와 설비가 침수되고 원자로의 냉각 시스템이 작동하지 않으면서 문제가 심각해졌지요. 결국 핵연료봉이 과열되고 수소가 대량 발생하면서 1, 3, 4호기 원자로 3기가 폭발했습니다. 2호기는 1호기 폭발로 구멍이 생긴 덕에 폭발은 면했지만, 원자로가 냉각되지 않아 핵연료봉이 녹아내렸습니다.

후쿠시마 핵사고로 반경 20km에 거주하는 주민 약 17만 명이 대피했고, 아직도 서울 면적의 절반이 넘는 $337km^2$의 땅은 방사능 오염으로 출입이 통제되고 있습니다. 폭발한 후쿠시마 핵발전소에서는 여전히 방사성 물질이 나옵니다. 인근 지역의 농수산물이나 가공품에서는 방사능이 검출되기도 합니다. 그 부근의 해수욕장 모래에서도 기준치를 웃도는 방사능이 검출되고요. 지역 주민을 포함해 수많은 사람들이 방사선 피폭으로 건강 피해를 입고 있습니다.

또 다른 문제는 핵 오염수입니다. 사고 후에도 여전히 원자로는 핵분열을 하기 때문에 내부 온도가 계속 상승합니다. 그러면 또다시 폭발과 화재가 일어날 수 있으므로, 뜨거워지는 원자로를 계속 식혀주어야 합니다. 그러기 위해 끊임없이 바닷물을 원자로에 주입합니다. 이렇게 원자로를 통과한 물은 핵연료와 섞여 오염수가 됩니다. 자연적으로 원자로에 유입된 빗물과 지하수도 방사성 물질과 섞여 오염수를 늘리는 요인입니다.

일본 정부와 도쿄전력이 그런 핵 오염수를 바다에 방류하고 있습니다. 하지만 핵 오염수가 계속 발생하는 한 그 일이 언제 끝날지 아무도 알 수 없습니다. 녹아내린 핵연료를 꺼내서 처리하지 않는 이상 오염수 발생은 멈추지 않을 것입니다. 그러나 후쿠시마 핵발전소 내부에 녹아내린 핵연료를 처리하는 것은 결코 만만한 일이 아닙니다. 고농도의 방사능이 계속 나오는 데다가 온도도 너무 높아서 사람은 아예 접근할 수 없고, 사람 대신 진입시킨 로봇에도 문제가 생기기 일쑤거든요. 도쿄전력이 2024년에 0.7g의 시험 반출에 성공했지만, 다시 작업을 할 수 있을지는 미지수입니다.

감춰진 핵사고, 체르노빌

"아직은 모르지만, 언젠가 물어볼 것이다. '왜 나는 사람들이랑 달라요?', '왜 나는 남자의 사랑을 받을 수 없어요?', '왜 나는 아이를 낳을 수 없어요?' 나는 증명해야만 했다. 딸이 자라서 이 사실을 알도록. 바로 나와 내 남편의 잘못이 아니라는 것을, 우리 사랑 때문이 아니라는 것을…. 4년 만에 딸이 앓는 무서운 병이 전리 방사선, 저준위 방사선과 관련이 있음을 확증하는 진단서를 받아냈다. 내 딸이 앓는 장애는 체르노빌 장애다."

노벨문학상을 받은 작가 스베틀라나 알렉시예비치의 책 『체르노빌의 목소리』에는 체르노빌 핵발전소 사고를 겪은 사람들의 이야기가 고스란히 담겨 있습니다. 장애가 생긴 딸을 돌보는 엄마의 이야기, 화재를 진압했던 소방관과 그 아내의 이야기, 동물들의 죽음을 목격한 아이의 이야기, 발전소에서 근무한 노동자의 이야기. 한 편 한 편 읽을 때마다 가슴이 답답해지고 눈물이 나기도 합니다.

구 소련에 위치한 체르노빌에서 발생한 핵사고는 이틀이 지난 후에야 세상에 알려졌습니다. 당시 소련 정부가 사고를 신속히 알리고 대처하지 않은 탓에, 사고 규모와 사망자 수는 더 늘어났습니다. 그나마 이틀이 지나 알려진 것도, 체르노빌로부터 1,000km 넘게 떨어진 스웨덴의 한 과학자 옷에서 높은 방사선이 검출된 사실을 스웨덴 정부가 파악하고 소련에 사실 확인을 요청했기 때문이었습니다. 하마터면 더 큰 피해가 생길 수도 있었던 것이지요.

1954년부터 핵발전소를 가동하기 시작한 소련에서는 70여 년이 지나는 동안 수많은 핵발전소 사고가 있었습니다. 체르노빌 핵발전소는 1978년부터 가동했습니다. 1986년 사고 당시는, 원자로 가동이 멈췄을 때 터빈이 돌아가는 관성으로 전력을 얼마나 공급할 수 있는가를 테스트하던 중이었습니다. 그 실험을 하기 위해 핵발전소 운전원들은 안전장치를 껐고, 그 결과 갑자기 발생한 원자로의 폭주를 막지 못했습니다. 두 차례에 걸친 폭발로 핵연료를 비롯해 발전소 파편이 치솟고, 사고 직후 발생한 화재로 방사성 물질은 대기 중으로 높고도 넓게 확산되었습니다.

사고 직후 소방관들이 진압에 나섰지만, 화재는 무려 10일간이나 지속되었습니다. 그런데도 소련 정부가 주민들에게 즉시 알리지 않으면서, 체르노빌 핵발전소에서 불과 3km 떨어진 곳의 주민들조차 36시간이 지난 후에야 대피할 수 있었습니다. 그사이 방사성 물질은 유럽과 한국, 일본까지 날아갔고, 대기권으로 퍼져나간 방사성 물질은 지구 생태계를 오염시켰습니다.

국제에너지기구는 이 사고의 방사선 피폭으로 최소 4,000여 명의 노동자와 주민이 사망한 것으로 보았고, 세계보건기구(WHO)는 암 발병으로 인한 사망자를 9,000명으로 추산했습니다. 유럽의회의 「토치 보고서(TORCH: The Other Report on Chernobyl)」에서는 암 사망자를 3만~6만 명으로 추정하기도 했습니다. 핵사고는 사건의 규모에 따라 1등급에서 7등급으로 분류하는데, 그 사고는 가장 대형 사고인 7등급으로 분류되었습니다. 2011년 후쿠시마 핵사고가 발생하기 전까지, 인류 역사상 유일한 7등급 사고로 기록되었습니다.

끝나지 않는 재앙

핵발전소는 핵무기의 평화적 이용이라는 명분으로 시작되었습니다. 2차 세계대전 당시 핵무기가 개발되고, 일본의 나가사키와 히로시마에 핵폭탄이 투하됩니다. 그 공격으로 무려 25만 명 이상이 수

개월 내 사망한 것으로 추정되고, 살아남은 사람들도 방사선 피폭과 화상, 정신적 트라우마 등 고통 속에서 살다가 죽어갔습니다.

그렇지만 2차 세계대전 이후 더 강력한 힘을 원했던 미국과 구 소련, 영국, 프랑스 등 강대국들은 원자폭탄이나 수소폭탄 같은 핵무기 개발에 더 열을 올립니다. 핵무기 실험으로 방출된 방사성 물질은 대기와 토양과 바다로 퍼져나갔습니다. 그러나 점차 핵무기의 위험성을 우려하는 목소리가 커지면서, 핵무기 이용을 중단하고 원자력을 평화적으로 이용하자는 호소가 이어지게 됩니다. 바로 그런 흐름 속에 만들어진 것이 국제원자력기구(IAEA)와 핵발전소입니다.

따라서 핵발전소는 우라늄이라는 방사성 물질을 이용하고 핵폐기물을 발생시키는 등 핵무기와 많은 공통점이 있습니다. 체르노빌과 후쿠시마의 핵사고 이후 수많은 시간이 흘렀지만, 여전히 방사선 피폭의 영향이 큰 것도 같은 이유입니다. 사고의 규모와 누출된 방사성 물질의 종류에 따라 조금씩 다를 수 있겠지만, 한번 누출된 방사성 물질은 결국 자연생태계 및 인류를 포함한 생물의 건강과 생명을 위협합니다.

또 체내에 들어온 방사성 물질은 계속 축적되고 사라지지 않아 다음 세대로 이어지기도 합니다. 발전소에서 나오는 방사성 물질에는 삼중수소처럼 반감기가 짧은 것도 있지만, 플루토늄처럼 반감기가 300년 이상에 독성이 많은 물질이나, 세슘-137처럼 반감기가 30년으로 비교적 짧지만 많은 에너지를 방출하는 핵종 등 여러 가지가 있습니다. 핵발전소에서 발생한 사용후핵연료의 방사능이 자연 상태의 우라늄 수준으로 감소하기까지는 약 10만 년 이상이 걸립니다.

체르노빌과 후쿠시마의 핵사고를 겪으면서, 오스트리아와 독일 등의 유럽 국가들은 핵발전을 중단하기로 결정하고, 재생에너지로 전환하기 위해 서두르고 있습니다. 하지만 여전히 세계 약 26개국에서 420여 기의 핵발전소를 운영합니다. 우리나라에는 2024년 8월 기준으로 26기의 핵발전소가 있지요. 히로시마와 나가사키, 체르노빌과 후쿠시마 사태를 겪은 인류는 핵발전소의 위험을 모르지는 않지만 애써 외면합니다.

어떤 전문가는 핵사고가 발생할 확률은 고속도로에서 자동차 사고가 날 확률보다 훨씬 낮다면서, 핵사고가 걱정된다면 자동차도 타지 않아야 한다고 말합니다. 이는 핵사고가 발생했을 때 벌어지는 재앙을 고려하지 않은 말입니다. 체르노빌이나 후쿠시마의 핵사고에서 본 것처럼, 핵발전소에서 발생하는 사고는 한두 사람의 사망으로 끝나지 않습니다. 수많은 인명 피해와 지구 생태계 훼손, 심지어 미래세대까지 영향을 미치는 생태적 재앙입니다. 아니, 어쩌면 생태적 재앙을 인정하지 않고 여전히 핵발전에 따른 경제 성장과 전력 공급을 주장하는 것이 더 큰 재앙인지도 모릅니다. 체르노빌과 후쿠시마를 기억하고 그 교훈을 되새기는 성찰이 필요한 때입니다.

핵발전소 폐쇄 캠페인

지구를 살리는 에너지 정의 수업

2

야만의 무기에 저항한
주민들

사무실의 짐을 정리하다가 노란색 겨울 점퍼를 발견했습니다. 점퍼의
가슴 한편에는 방사능 마크와 더불어 빨간 'X' 자가 그려져 있었지요.
핵발전소에 반대한다는 표시입니다. 점퍼 옆에는 같은 디자인의 반
팔 티셔츠도 있습니다. 태극기와 비슷하게 생긴 깃발도 있네요. 태극
이 있어야 할 자리에 방사능 그림이 그려져 있고요. 광복절에 시민에
게 나눠준 깃발로, 핵발전에서 해방되자는 의미를 담은 것입니다.
그 모두가 2003년 전북 부안에서 입고 들었던 것들입니다. 부안의 핵
폐기장 건설 반대 운동이 여름을 지나 광복절을 거쳐 겨울까지 이어
진 흔적들입니다.

화장실 없는 아파트가 있다

핵발전소는 농축된 우라늄을 사용해 핵분열 연쇄 반응을 일으키는 방식으로 열을 얻습니다. 그 열로 물을 끓이고 거기서 발생한 증기로 터빈을 돌려 전기를 생산하지요. 이때 사용하는 연료가 우라늄의 동위원소인 우라늄-235로, 자연 상태에서는 희귀한 물질입니다. 그래서 핵발전소는 광산에서 채굴한 천연 우라늄을 농축해서 사용하는데, 핵연료의 3~5% 정도가 농축 우라늄입니다.

일반적으로 핵발전소에서 사용하는 핵연료는 약 1년 6개월 동안 분열하고 나면, 전력을 생산할 만큼의 충분한 열을 더이상 발생하지 못합니다. 그러면 기존의 핵연료를 빼내고 새로운 연료로 교체하게 되지요. 이때 원자로에서 빼낸 핵연료를 사용후핵연료라고 하는데, 매우 높은 방사능과 열을 지니고 있어서 고준위 핵폐기물이라고도 부릅니다. 이 사용후핵연료는 여전히 위험한 물질이므로 10만 년 이상 안전하게 보관해야 합니다. 현재 우리나라는 사용후핵연료를 핵발전소 안에 있는 붕산수 수조에 임시로 저장하고 있습니다.

핵발전소에서 나오는 핵폐기물은 방사능 세기에 따라 고준위, 중준위, 저준위로 나눕니다. 핵발전소 노동자들이 착용했던 작업복이나 장갑, 신발 등은 보통 저준위 핵폐기물로 분류하고, 원자로의 부품 등은 중준위 핵폐기물로 분류합니다. 이런 중·저준위 핵폐기물은 현재 경북 경주의 중·저준위 방사성 폐기물 처분장으로 보내서 최소 300년 이상 보관하게 됩니다. 그러나 사용후핵연료와 같은 고준위 핵폐기물은 아직 갈 곳이 없습니다.

원자로에서 막 꺼낸 고준위 핵폐기물은 치명적인 고농도 방사선과 열을 방출하여, 접촉하면 사망에 이를 수 있습니다. 그래서 일단 냉각장치가 달린 붕산수 수조에 담가 냉각 상태로 보관하게 되지요. 그런데 문제는 이처럼 임시로 핵폐기물을 보관하는 장소가 이제 꽉 차고 있다는 점입니다. 핵발전소가 운영되는 지역에 따라 조금씩 차이가 있지만, 2030년부터 2037년 사이 대부분의 핵폐기물 임시 저장소가 포화할 예정입니다. 하지만 아직 우리나라는 고준위 핵폐기물을 처분할 방법을 찾지 못했습니다.

시간이 지나면서, 고준위 핵폐기물에서 나오는 방사능과 열은 조금씩 줄어들기는 합니다. 그러나 완전히 사라지지는 않습니다. 고준위 핵폐기물을 10만 년 이상 생태계에서 격리·보관해야 하는 이유입니다. 하지만 그처럼 오랫동안 핵폐기물을 안전하게 보관할 기술은 아직 인류에게 없습니다. 지진이나 화산 폭발, 폭우와 태풍 등 자연재해에서 안전한 땅을 찾기도 힘듭니다. 우주로 날려 보내자는 비현실적인 대안이 나오기도 합니다. 미국이 유카산에 고준위 핵폐기장 건설을 추진했지만, 화산이 폭발하는 바람에 무산된 사례도 있습니다.

고준위 핵폐기물을 처분할 방법과 장소가 없는 상황을 빗대어 흔히들 '화장실 없는 아파트'라고 표현합니다. 핵발전소를 아파트에, 고준위 핵폐기물 처분장을 화장실에 비유한 것이지요. 이런 상황은 비단 우리나라에만 국한되지 않습니다. 현재 전 세계적으로 핵발전소의 화장실을 만들어 운영하는 곳은 없습니다. 다른 나라보다 지반이 단단한 핀란드가 수년간 건설 중인 핵폐기장을 2025년부터 운영하는 것을 목표로 하고 있지만, 이 또한 확실하지는 않습니다. 운영 예정일이 계속 지연되고 있기 때문입니다.

부안군, 야만의 무기를 신청하다

1978년부터 핵발전소 운영을 시작한 우리나라도 고준위 핵폐기장을 건설하려고 끊임없이 시도했습니다. 1989년에는 경북 영덕군, 영일군, 울진군 등 동해안의 세 지역을 후보지로 지정했지만 결국에는 무산되었습니다. 1990년에는 충남 안면도를 후보지로 내정했지만, 밀실 행정 문제가 드러나면서 당시 과학기술부 장관이 경질되기도 했습니다.

이어 1995년, 정부는 인천의 굴업도를 핵폐기장 후보지로 선정하고, 바로 그 옆에 있는 덕적도에 대한 투자 계획을 발표합니다. 당시

5가구, 10명이 살던 굴업도와 인근 덕적도의 주민들은 서울과 인천을 오가며 200일간의 농성을 이어갔습니다. 정부는 지역의 지질 구조가 단단하다고 발표했지만, 그곳에 활성단층이 있다는 사실이 조사 중에 밝혀지면서 결국 계획이 무산되었습니다.

정부는 핵폐기장을 건설하려는 계획이 연달아 실패하자, 지역의 유치 신청을 받기 시작합니다. 핵발전소를 운영하는 한국수력원자력(한수원)은 2003년 6월 울진과 영덕, 장흥, 영광, 고창, 부안 등의 지역에서 설문조사를 실시하면서 핵폐기장 부지를 선정하려고 했습니다. 하지만 많은 지역이 유치 신청을 거부했고, 부안군수만이 의회의 결정과는 다르게 핵폐기장 유치 선언을 하게 됩니다. 주민들의 의견도 구하지 않은 독단적인 행동이었으나, 부안군수의 신청에 따라 산업자원부는 부안군 위도를 핵폐기장 부지로 최종 확정했습니다.

그 과정에서 핵폐기장이 건설되면 지역 발전에 도움이 되고, 세대별로도 큰 금액의 현금을 보상받을 수 있다는 루머가 돌았습니다. 또 한수원은 지역의 여론을 주도할 만한 인사들에게 현금성 접대나 해외 시찰의 기회 등을 제공하기도 했습니다. 부안 주민들의 의견은 찬반으로 나뉘었습니다. 부안의 경제를 살리는 절호의 기회라고 생각해 찬성하는 주민들과, 핵폐기물의 위험과 그로 인한 문제점을 우려해 반대하는 주민들로 갈라진 것이지요.

이후 주민들은 부안군과 위도, 그리고 인근의 시민사회가 참여한

부안 핵폐기장 건설 반대 운동

'핵폐기장 백지화 범부안군민 대책위원회'를 구성했습니다. 처음 열린 '핵폐기장 백지화와 군수 퇴진 결의대회'에 1만여 명이 참석했을 정도로 지역 주민들의 반대는 거셌습니다. 이를 막기 위해 1만여 명의 경찰이 배치되었는데, 당시 부안군의 인구가 6만여 명이었음을 고려하면 투입된 경찰의 규모가 얼마나 엄청났는지 알 수 있습니다.

부안군수는 주민들의 거센 항의에 쫓겨 인근 사찰로 도피하기도 했습니다. 저녁마다 진행한 촛불시위는 100일을 훌쩍 넘겼고, 학생들은 등교 거부 시위를 이어갔습니다. 갈등이 심해지면서 주민과 경찰, 관련 공무원 등이 부상하거나 구속되는 일도 발생했습니다. 주민들은 핵폐기장 건설에 대해 주민투표를 요구했습니다. 그러나 정부가 거부하면서 해결의 실마리가 안 보이다가, 결국 2004년 주민투표를 실시하는 것으로 합의했습니다. 부안군민 찬반투표에서 핵폐기장 건설에 반대하는 표가 91%나 나오면서, 부안군 위도 핵폐기장 건설 계획은 취소되었습니다.

부안의 핵폐기장 유치 문제는 정부의 일방적이고 잘못된 정책으로 한 지역의 주민들이 얼마나 큰 갈등 상황에 놓이게 되는지, 그들의 삶이 얼마나 바뀌게 되는지를 보여주었습니다. 주민들은 군수의 일방적인 핵폐기장 유치 신청과 산업부의 결정 때문에, 1년간 일상적인 삶을 내려놓아야만 했습니다. 핵폐기장의 위험에서 삶터를 지키기 위함이었지요. 그 투쟁의 기록은 「야만의 무기」(2011)라는 다큐멘터리에 고스란히 기록되었습니다. 핵폐기장 문제에 직면했던 부안 주민들은 이후 환경문제와 재생에너지에 관심을 기울이면서, 생태 마을을 만들고 재생에너지로의 자립을 계획하기도 하는 등 변화를 이끌기도 했습니다.

부안 주민투표가 마무리된 후, 국가인권위원회는 부안 핵폐기장 사태가 부안 주민들의 행복권을 침해한 사건이라고 밝혔습니다. 공무원은 공공성·공정성·성실성 및 중립성을 바탕으로 공무를 수행해야 하는데, 이러한 원칙을 지키지 못한 행위로 헌법 제10조에서 보장된 행복추구권을 침해했다고 판단한 것입니다. 또한 국책사업을 국가가 단독으로 결정하여 추진하던 관행을 깨고, 앞으로 주민의 생활에 상당한 영향을 미칠 수 있는 사업을 추진할 때는 지역 주민들의 의견을 충분히 수렴하여 정책에 반영하고, 사업 추진 과정에서도 지역 주민들과의 마찰이 없기를 기대한다고 밝혔습니다.

핵폐기물, 현재와 미래를 잇는 책임

부안의 핵폐기장 건설 반대 투쟁 이후, 정부는 방향을 틀어 고준위 핵폐기장과 중·저준위 핵폐기장을 분리해서 건설하기로 합니다. 방사선 준위가 낮은 중·저준위 폐기물의 경우 아무래도 지역 수용성이 높을 것이라는 판단 때문이었지요. 2005년 경주, 군산, 영덕, 포항 등 네 지역에서 주민투표를 실시하고, 그중 찬성률이 가장 높은 지역에 중·저준위 핵폐기장을 건설하기로 정책 방향을 잡습니다. 현재 경주에 있는 중·저준위 핵폐기장이 바로 그렇게 건설된 것입니다.

그러나 여전히 고준위 핵폐기장 문제는 해결하지 못했습니다. 핵발전소가 위치한 지역의 주민들은 40여 년간 핵발전소의 위험을 안고 살았는데, 또다시 핵폐기물의 위험을 떠안을 수는 없다고 말합니다. 실제로 핵발전소 인근의 지역 주민들은 건강과 재산의 피해를 입었습니다. 방사선 피폭으로 갑상샘암에 걸리고, 이사를 가고 싶지만 집이 팔리지 않는 일도 겪었습니다. 바다가 오염되는 바람에 지역에서 생산되는 특산품 판매량이 줄기도 했습니다. 하지만 지역 주민들의 희생 덕분에 우리는 편리한 전기를 마음껏 사용할 수 있었습니다.

그러니 이제 핵발전 정책을 추진한 정부, 값싼 전기를 이용해 돈을 번 기업, 그리고 핵발전 전기를 사용한 국민 모두가 고준위 핵폐기물을 어떻게 처리할지 머리를 맞대야 합니다. 핵발전소 인근 주민들에게 또다시 책임을 떠넘겨서는 안 됩니다. 이미 발생한 핵폐기물을 어디에 어떻게 보관할 것인지, 함께 지혜를 모아가야 합니다. 심지어 우리에게는 핵폐기물을 10만 년 이상 안전하게 보관해야 할 책임이 있습니다. 후손들에게 남겨질 '골칫덩어리 쓰레기'를 줄이려는 노력도 이어져야 합니다.

쓰레기를 해결하는 가장 좋은 방법은 쓰레기를 줄이거나 더이상 만들지 않는 것입니다. 핵폐기물을 해결하는 가장 좋은 방법도 핵폐기물을 더이상 늘리지 않는 것입니다. 전력 수요를 줄이고 효율화하는 것, 그리고 재생에너지로 전환하는 것이 핵폐기물을 책임지는 올바른 자세입니다.

3

내 몸속에
방사능이 있다

2021년 일본 도쿄 올림픽이 한창일 때, 메달을 받는 선수들에게 주어지는 꽃다발을 두고 논쟁이 붙었습니다. 도쿄 올림픽·패럴림픽 조직위원회가 후쿠시마 핵사고 이후 사고 피해를 극복하는 모습을 홍보하기 위해, 후쿠시마에서 재배한 꽃으로 만든 꽃다발을 증정하기로 결정했기 때문입니다.

전문가들조차 의견이 갈렸습니다. 한편에서는 방사성 물질에 오염된 꽃다발이 선수들의 건강을 해칠 수 있으니 애초에 이 꽃다발을 사용해서는 안 된다고 주장했고, 다른 한편에서는 극미량의 방사성 물질이 있더라도 건강에 영향을 미칠 가능성은 거의 없다고 주장했지요. 선수들에게 제공하는 식사도 마찬가지였습니다. 후쿠시마산 쌀을 사용하겠다는 도쿄 올림픽 조직위원회의 계획에 반발해, 경기를 보이콧하겠나는 움직임까지 일었습니다.

갑상샘암 환자들, 재판정에 서다

"전기는 대도시에서 많이 쓰면서 힘없는 사람들에게 큰 짐을 뒤집어씌우고는 인정도 안 하고. 우리가 생산한 전기로 온 국민이 편안하게 사는데, 그 밑바닥에 사는 우리가 죄인도 아니고. 왜 이렇게 우리를 무시하는 건지 모르겠어요. 창살만 없지 갇혀 있는 것과 같아요."

경주 월성 나아리에 사는 주민의 말입니다. 매주 월요일 아침이면 월성 핵발전소 앞에서 상여를 끌며 농성하는 그들의 요구는 단 하나, 다른 곳으로 이주하는 것입니다. 월성 나아리 주민들은 벌써 10년 넘게 이 농성을 이어가고 있습니다.

2015년 2월, 전국의 핵발전소 인근에 사는 주민 618명과 그 가족들이 한수원을 상대로 소송을 제기했습니다. 핵발전소로부터 7.4km 가량 떨어진 곳에서 평균 19.4년간 살아온 그들은 모두 갑상샘암 환자들입니다. 그들이 제기한 소송은 핵발전소 인근 지역 주민의 갑상샘암 발병률이 다른 지역보다 훨씬 높다는 점을 근거로 합니다.

소송 과정에서 정부가 진행한 역학조사의 결과를 보면, 핵발전소 인근 주민들의 갑상샘암 발병 상대 위험도가 2.0을 넘고, 여성의 경우에는 2.5에 달하는 것으로 밝혀졌습니다. 2023년 환경부가 실시한 경주 핵발전소 인근의 주민 건강조사에서도, 핵발전소 반경

10km 지역 주민들의 암 발생률이 10~20km 떨어진 곳의 주민들보다 1.3배 높은 것으로 드러났습니다. 또 소변검사를 진행한 지역 주민 960명 중 739명에게서 방사성 물질인 삼중수소가 검출되기도 했습니다.

하지만 일심 재판부는 "주민들의 전신 피폭선량은 공법상 구제 기준보다 낮고, 한수원이 배출한 방사성 물질로 인한 환경오염이 발생한 사실이 없다. (따라서) 원고들이 참을 수 있는 한도를 넘는 방사선에 피폭됐다고 볼 수 없다"라며 원고의 청구를 기각했습니다. 항소심에서도 같은 결과가 나왔습니다. 핵발전소에서 방출된 방사선 피폭량이 기준치 이하이고, 갑상샘암 발병과 직접적인 연관이 없다는 이유였습니다.

소송을 진행한 변호인단은 다음과 같은 사실을 짚었습니다. 한수원이 고리와 월성 등지 핵발전소의 상업 운전을 시작한 후로 사람에게 암을 일으키는 물질인 요오드-131을 배출한 점, 1998년 방사선량의 기준이 제정되기까지 기준치를 초과한 방사성 폐기물을 배출한 점, 허용 기준치 이하라도 장기간 누적해서 방사선에 피폭된 점 등이었습니다. 하지만 한수원과 법원은 주민들의 피폭은 미미한 수준이라고 주장했습니다.

주민들은 말합니다. "갑상샘암에 걸린 우리 몸이 증거입니다. 왜 우리가 제물이 되어야 합니까!" 주민들은 여기서 멈추지 않고 대법원까지 소송을 이어가기로 했으며, 공개 변론을 요청하는 탄원서를 제출하기도 했습니다.

기준치 이하면 안전하다?

후쿠시마 핵사고 후 일본은 방사선 피폭 기준치를 바꿉니다. 원래 한 사람에게 허용된 연간 기준치는 1mSv(밀리시버트)였으나 200mSv로 높이고, 사고 수습 노동자들의 피폭 기준치는 연간 100mSv에서 250mSv로 대폭 올렸습니다. 그처럼 피폭 허용량을 상향하지 않은 채 애초의 기준치로 두면, 그 지역에서 거주하거나 사고 수습을 할 수 없었기 때문입니다. 조금 이상하지요? 사람들의 세포나 유전자는 그대로인데 기준치를 바꿔서 안전한 것처럼 보이게 하면 문제가 해결될까요? 이해가 되지 않습니다.

방사선 피폭 기준치는 국가별로도 다릅니다. 일반 식품 내 세슘의 허용 기준치를 보면, 한국은 100Bq(베크렐)이지만 영국은 1,250Bq, 중국은 1,000Bq입니다. 이것만 보더라도 기준치가 상황에 따라 달리 적용되는 것을 알 수 있습니다. 기준치는 절대적인 것이 아닙니다.

"기준치 이하라서 안전하다." 언론이나 전문가를 통해 많이 듣는 말입니다. '기준치'는 1945년 일본의 핵폭탄 투하 후 진행된 방사능 위험 연구에서 생긴 말입니다. 이 연구를 통해, 사람이 단기간에 100mSv 이상의 방사선에 피폭되면 암 발생 위험이 증가한다는 결과가 나왔습니다. 여기서 '100'이라는 숫자가 하나의 기준치가 된 것이지요. 다만 100mSv 이하라고 해서 암에 걸리지 않는다는 게 아니라, '관련성을 알 수 없다'는 것을 의미한다고 연구 결과는 밝혔습니다. 이처럼 의학에서 사용하는 기준치는 '안전'의 기준이 아니라, 그 이상 피폭되지 않아야 한다는 '최대 허용'의 의미입니다. 그러니 기준치 이하니 안전하다는 것은 틀린 말입니다.

세계보건기구 산하 국제암연구소(IARC)는 다양한 발암물질을 몇 가지 그룹으로 분류합니다. 방사선은 그중 1그룹에 속합니다. 1그룹은 인체에 암을 발생시킬 충분한 근거자료가 있는 것들로, 방사선 말고도 다이옥신, 석면, 담배 등 100여 종의 물질을 포함합니다. 다시 말해, 방사선이 암을 일으킨다는 것은 확실한 사실이라는 뜻입니다. 방사선에 피폭되면 몸속 세포의 DNA가 파괴됩니다. DNA가 파괴되면 이상한 형태의 세포 분열이 일어나 기형이나 암을 유발합니다.

그리고 얼마나 많은 양의 방사선에 피폭되었는지에 따라 암 발생 빈도가 달라집니다. 예를 들어 100mSv의 방사선에 피폭될 때 100명 중 한 명에게 암이 발생한다면, 10mSv에서는 1,000명 중 한 명, 1mSv에서는 1민 명 중 한 명에게서 암이 발생하는 것입니다. 1만 분의 1이라는 확률이 개인에게는 작을 수 있지만, 우리나라 국민 5,000만 명으로 환산하면 암 환자가 5,000명 발생한다는 의미이니 결코 무시할 수 없습니다.

다리를 다쳐 병원에 가서 엑스레이를 찍을 때도, 가급적 다친 부위 말고는 방사선에 노출되지 않도록 조심합니다. 특히 엑스레이 촬영 전에 여성에게 임신 여부를 묻는 것은 여성이나 태아, 어린이 들이 방사선에 더 취약하기 때문입니다. 이것은 국제방사선방호위원회(ICRP)의 'ALARA(As Low As Reasonably Achievable)' 원칙에서도 잘 드러납니다. '합리적으로 달성할 수 있는 한 최대한 낮게'로 번역되는 이 원칙은, 정해진 한도 내에서 사회적·경제적 요인 등을 고려하여 피폭량을 최소화해야 한다는 의미입니다. 즉 기준치 이하라 할지라도, 방사선에 노출되지 않도록 최대한 노력해야 한다는 의미지요.

우리는 피폭당하지 않을 권리가 있다

몇 년 전에 만난 월성 나아리의 한 주민은 딸아이의 몸속에서 삼중수소가 검출되었는데, 해줄 수 있는 게 없다며 눈물을 흘렸습니다. 나아리는 월성 핵발전소에서 1km 떨어진 마을입니다. 월성 1호기가 상업 운전을 시작할 때만 해도 그냥 '전기 만드는 공장'이라고 생각했던 순진한 주민들은 이제 매주 월요일 아침이면 거리로 나와 상여를 끕니다. 상여에는 "월성 주민 이주 대책 마련하라"라는 글귀가 적혀 있습니다. 그곳 주민들은 자신은 갑상샘암에 걸렸지만, 자식과 손자 들은 제발 그곳에서 벗어날 수 있기를 기도하며 삽니다.

서울에 사는 어떤 분에게 이런 질문을 받은 적이 있습니다. "태양광발전기에서 전자파가 나온다는데, 도시에 그런 걸 설치해도 될까요?" 순간 마음이 울컥했습니다. 서울에 사는 사람들은 내 주변에 있는 전자파는 걱정하지만, 더 거대한 핵발전소에서 나오는 방사능은 걱정하지 않습니다. 저 송전탑 너머, 눈앞에 보이지 않는 문제니까요.

핵발전소의 전기는 모든 국민이 사용합니다. 그럼에도 핵발전소 가까이에 산다는 이유만으로 건강과 재산의 피해를 입는 것은 에너지 불평등의 현실을 단적으로 보여줍니다. 체르노빌이나 후쿠시마의 핵사고처럼 엄청난 참사가 일어나지 않더라도, 핵발전소는 끊임없이 핵폐기물을 내보냅니다. 바다로 공기 중으로 삼중수소가 매일 버려집니다. 핵발전소에서 나오는 방사성 물질이 기준치 이하라서 안전하다는 말은 핵발전소를 계속 가동해야 한다는 논리에 지나지 않습니다. 아무리 방사능 노출량이 적더라도 장기간 지속된다면, 인체와 생태계에 미치는 영향은 결코 무시할 수 없습니다.

누구도 우리에게 인위적인 방사능에 노출되는 상황을 강요할 수는 없습니다. 엑스레이를 찍을 때 방사선 피폭으로부터 신체의 나머지 부위를 보호하고 우리가 먹는 식품의 방사성 물질을 검사하는 것처럼, 핵발전소 인근 주민들에게도 피폭에서 보호받아야 할 권리가 있습니다. 우리가 핵발전소의 문제와 그 인근 주민의 목소리에 더 관심을 기울여야 하는 까닭입니다.

4

바다는
쓰레기통이 아니다

아이들과 함께 국립생태원을 방문했다가 우연히 '플라스틱과 바다거북'이라는 전시를 보았습니다. 살아 있는 푸른바다거북 옆에, 플라스틱으로 고통받는 바다거북의 생태계를 나타낸 그림과 조형물 등이 있었습니다. 바다거북은 흔히 플라스틱을 먹이로 착각하고 먹지만, 이빨이 없어서 씹지 않고 삼킨다고 합니다. 폐그물이나 플라스틱, 비닐봉지 등은 모두 바다거북의 생명을 앗아가는 원인이 됩니다.

바다거북 말고도 우리는 플라스틱 때문에 죽어가는 해양생물들을 알고 있습니다. 배 속에 플라스틱이 가득 찬 고래, 입이 그물에 감겨버린 펠리컨, 그물에 온몸이 휘감긴 돌고래, 콧구멍에 빨대가 꽂힌 거북이. 우리가 바다에 버린 쓰레기가 잔인한 무기가 된다는 사실을 기억해야 합니다.

방사능을 품은 핵 오염수

"우리나라 소금은 안전할까요?", "회는 먹어도 되나요?" 강연이 끝난 후에 사람들의 질문이 이어졌습니다. 수산 시장에는 손님이 줄어들고, 소금 가격이 폭등하기도 했습니다. 얼마 지나자, 국회의원들이 수산 시장에 찾아가 수조에 담긴 물을 입에 떠 넣으며 바닷물이 안전하다고 홍보합니다.

무슨 일이 일어난 걸까요? 바로 이웃나라인 일본 정부의 결정 때문에 벌어진 일들입니다. 2023년 초 일본 정부는 후쿠시마 핵사고 이후 계속 늘어나는 핵 오염수를 바다에 방류하기로 결정했습니다. 일본 정부는 '방류'라고 표현하지만, 바다에 버리지 않고도 처리할 방법이 있고 안전성이 확인되지 않은 상태에서 바다에 버리는 것이기 때문에 사실상 '투기'라는 비판이 일었습니다.

후쿠시마 핵 오염수는 무엇일까요? 2011년 3월 11일, 일본의 후쿠시마 핵발전소가 폭발했습니다. 그 사고로 핵발전소 3기가 폭발하고 원자로 내부의 핵연료가 녹아내렸습니다. 핵연료의 핵분열은 한번 시작하면 멈추지 않고 붕괴열을 계속 발생합니다. 핵분열로 뜨거워진 원자로를 식히지 못하면 다시 핵폭발이 일어날 수 있지요. 그래서 붕괴된 원자로를 식히기 위해 끊임없이 바닷물을 쏟아부어야 하는데, 이 바닷물이 녹아내린 핵연료를 통과하면서 방사능이 섞인 핵 오염수가 됩니다. 결국 액체 상태의 핵폐기물이 계속 발생하는 것이지요.

핵폐기물은 주변 생태계와 완전히 차단하고 밀폐한 채로 관리해야 합니다. 후쿠시마 핵발전소를 관리하는 도쿄전력은 핵 오염수를 커다란 수조 탱크에 담아 핵발전소 부지에 보관했습니다. 항공 사진으로 보면, 핵발전소 부지에 핵 오염수 탱크가 가득합니다. 계속 증가하는 핵 오염수로 부지가 부족해지자, 오염수를 고체화하여 육지에 보관하거나 방사능이 최소화될 때까지 기다린 후 바다로 흘려보내는 등의 여러 방법이 제시되었습니다. 하지만 결국 일본 정부와 도쿄전력은 오염수를 해양에 투기하기로 결정했습니다. 그들이 보기에 이 방법이 가장 간편하고 비용도 적게 들기 때문입니다.

핵 오염수 방류가 심각한 문제인 이유는 그 오염수에 방사성 물질이 포함되어 있기 때문입니다. 일본 정부는 오염수에 포함된 64개의 방사성 물질을 일종의 정화 장치인 다핵종제거설비(ALPS)로 거른 후, 다량의 물로 희석해서 바다에 버리기 때문에 안전하다고 말합니다. 하지만 그 오염수에 얼마나 다양한 방사성 물질이 섞여 있는지, 전체량은 얼마나 되는지 알 수 없습니다. 또 정화 장치를 거치면 정말로 방사성 물질이 모두 제거되는지도 알 길이 없습니다. 일본 후쿠시마 핵빌전소를 운영하는 도쿄전력은 이미 다핵종제거설비를 통해서 삼중수소와 탄소-14는 걸러지지 않는다는 사실을 인정했습니다. 도쿄전력이 기존에 주장했던 것처럼 다른 방사성 물질을 모두 거른다고 해도, 결국 이 두 종류의 물질은 바다로 흘러간다는 말입니다. 바다에 방사능을 포함한 오염수가 유입되면 해양 생태계는 크든 작든 간에 영향을 받을 수밖에 없습니다.

여러 차례에 걸쳐 엄청난 양의 오염수를 바다에 버리고 있지만, 오염수의 양은 그만큼 줄어들지 않았습니다. 녹아내린 핵연료를 완전히 꺼낸 후 따로 관리하지 않는 이상 핵 오염수가 계속 발생하기 때문입니다. 이 순간에도 핵연료는 계속 분열하고 있고, 뜨거워지는 원자로를 식히기 위해 바닷물을 붓고 있으니까요.

폭발한 후쿠시마 핵발전소 안에서 녹아내린 핵연료 덩어리는 무려 880톤이나 됩니다. 하지만 현재 인류의 기술로는 이 핵연료 덩어리를 꺼낼 수가 없습니다. 너무 뜨겁고 방사능도 강해서 사람들은 근처에 갈 수조차 없습니다. 로봇도 높은 열과 무너진 잔해 때문에 근처에 접근하지 못했습니다.

도쿄전력은 핵사고가 난 지 13년이 지난 2024년 11월 '드디어' 핵연료 일부를 반출하는 데 성공했습니다. 그렇게 꺼낸 핵연료는 0.7g에 불과합니다. 로봇 팔에 집게를 장착해 원자로로 진입시키는 방식으로 작업을 진행하는데, 한 번 들어갔다 나오기까지 2주가량이 소요됩니다. 한 번에 꺼낸 양이 0.7g이니, 880톤을 다 빼내려면 얼마나 오랜 시간이 걸릴지 암담합니다. 이 상태라면 일본 정부가 계획한 해양 방류 기간인 30년을 훌쩍 넘길 수밖에 없습니다.

핵폐기물은 원래 바다에 버리던 것 아닌가요?

일본의 핵 오염수 해양 방류에 대해서 다양한 의견이 있습니다. 중국이나 러시아, 대만, 태평양 섬나라 등은 강력하게 반대 의견을 냈습니다. 방사성 물질이 섞인 오염수를 바다에 버리는 것은 핵 테러와 같다는 입장이었지요. 하지만 미국과 프랑스, 영국 등의 국가는 핵 오염수 방류를 사실상 용인하고 있습니다. 우리나라도 마찬가지입니다.

일본을 제외한 다른 국가는 이득이 없을 것 같은데도 침묵하거나 용인하는 이유가 무엇일까요? 아마도 핵발전소를 운영하는 국가들은 이미 핵폐기물을 대기 중에, 또 바다에 버리고 있기 때문일 것입니다. 실제로 2022년 우리나라의 삼중수소 배출량만 해도, 일본 후쿠시마 오염수 방류로 인한 연간 배출 계획량보다 무려 10배나 많은 214TBq(테라베크렐)입니다. 미국은 한 해에 약 1,700TBq을, 캐나다도 1년에 약 1,800TBq을 배출하고 있지요. 물론 이들은 핵발전소를 정상적으로 가동하는 중에 배출된 것으로, 핵연료에서 발생하는 세슘이나 플루토늄 등 더 많은 방사성 물질이 포함되어 있지는 않습니다. 그래도 핵산업을 유지하기 위해 해양 생태계를 위협하고 있다는 사실은 마찬가지입니다.

심지어 과거에는 핵폐기물을 바다에 투기·처분하는 해양 처분 방식이 공공연히 이루어졌습니다. 최초의 핵폐기물 해양 투기는 1946년 미국 캘리포니아주 해안으로부터 약 80km 떨어진 바다에서 벌어졌습니다. 삼중수소만이 아니라 사용후핵연료나 손상된 핵연료, 원자로 용기 등 다양한 핵폐기물을 아무런 제재 없이 바다에 버린 것이지요.

이후에도 계속되는 해양 투기로 약 20만 톤의 핵폐기물이 북극해와 대서양, 태평양 등에 버려졌습니다. 소련과 영국, 스위스와 미국 등이 가장 많은 핵폐기물을 버린 나라입니다. 무분별한 해양 투기로 방사능 오염이 심각해지자, 각국은 1975년 런던협약을 맺고 더이상의 해양 투기를 금지했습니다. 이 외에도 1950년 전후 대규모로 진행된 핵무기 개발 실험으로 인해 바다나 대기 중에 퍼진 방사성 물질의 양도 상당합니다.

생명의 바다를 지켜요

지금까지 일본은 10회에 걸쳐 7,800톤의 오염수를 바다에 버렸습니다. 그동안 인근 바다의 삼중수소 농도에는 큰 변화가 없다고도 발표했습니다. 하지만 깊은 바닷속이나 앞으로 다가올 변화 등은 전혀 알 도리가 없기에 안심할 수 없습니다.

미국 해양연구소협회는 핵 오염수 해양 투기를 두고 "국경과 세대를 초월한 해양 생태계, 그리고 해양 생태계에 생계를 의존하는 사람들의 건강에 대한 우려가 있다"고 말합니다. 방사성 물질이 포함된 오염수는 해양 생태계에서 계속 퍼져나갈 것입니다. 특히 일본과 우리나라가 인접한 태평양은 지구상에서 가장 큰 바다로, 전 세계 어장의 70%를 포함합니다. 게다가 생태적 가치가 높은 생물도 많이 서식하고 있지요.

방사성 물질이 바다에 계속 쌓이면 해양생물이 방사능에 노출되는 것은 당연한 일입니다. 처음에는 그 양이 적겠지만, 오랜 시간 꾸준히 쌓이면 무시할 수 없는 영향이 발생할 수 있습니다. 실제 삼중수소는 생물학적 반감기가 약 10일로 짧은 편이고 대부분 땀과 소변 등으로 배출되기 때문에, 인체에 큰 위해를 주지 않는다고 알려져 있습니다. 하지만 최근 삼중수소가 체내에 쌓여 유기결합형 삼중수소로 변하면서 배출되지 않고 잔류하는 사례가 나타나고 있습니다.

해양생물에 농축된 방사능은 수산물을 통해 인체로 들어오고, 세포 조직에 영향을 주기도 합니다. 방사성 물질이 바닷속으로 흘러

들어가면 심지어 해양생물들이 떼죽음을 당할 수도 있고, 기형을 일으킬 수도 있습니다. 또 먹이사슬을 통해 방사성 물질이 체내에 축적되기도 합니다. 오염된 식물이나 미생물을 섭취한 어류에 더 많은 방사성 물질이 축적될 가능성이 있다는 의미입니다.

얼마 전, 제주 해녀 한 분의 인터뷰가 언론에 실렸습니다. 일본이 후쿠시마 오염수를 바다에 방류하겠다고 결정한 후로, 바다가 삶의 터전인 해녀들의 걱정이 많아졌다는 내용이었습니다. "우리는 맨몸으로 바다에 들어가기 때문에 해양생물처럼 오염수에 노출돼요. 물질을 하다 보면 어쩔 수 없이 바닷물을 먹기도 하고 피부로 흡수하기도 하지요." 바다와 가까이 살아가는 사람들은 오염수로 인한 해양 생태계 파괴와 사람들의 건강 문제에 관심이 클 수밖에 없습니다.

일반적으로 바다는 방사성 물질을 희석하고 정화하는 능력이 있습니다. 하지만 대량의 방사성 물질이 바다에 유입되었을 때도 그 능력을 유지할 수 있을지는 알 수 없습니다. 30년, 어쩌면 그보다 더 오랫동안 진행할 계획인 일본의 오염수 해양 투기를 하루라도 빨리 멈추는 것이 그 위험을 해소하는 가장 안전한 방법입니다.

바다는 인류의 쓰레기통이 아닙니다. 지금까지 바다는 생명을 품고 탄생시키고 또 생태계를 유지하는 데 중요한 역할을 했습니다. 바다를 '생태계의 보고'라고 부르는 이유입니다. 또 인류는 바다를

2013년 4월 후쿠시마 제1원전 4호기를 점검하는 국제원자력기구 전문가들

통해 삶의 기반을 만들어 왔습니다. 모든 생명의 터전인 바다를 지키는 일은 지구와 인류의 생존을 위해 반드시 필요한 일입니다.

일본의 핵 오염수 방류 반대 시위

5

조기 사망을 부르는
미세먼지

"오늘은 하늘이 다 했다." 친구가 야구 관람을 하다가 파란 하늘 사진
과 함께 SNS에 올린 글입니다. 해마다 4~5월이면 미세먼지 때문에
뿌연 하늘을 보기가 일쑤였는데, 2024년에는 신기하게도 미세먼지가
적어서 가을하늘 같은 봄하늘을 볼 수 있었습니다.

저도 출근길에 괜히 발을 멈추고 하늘 사진을 한번 찍어봅니다. 하얀
구름 한 점이 유유히 움직이는 곳에선 더 예쁜 사진이 완성되기도 했
지요. 그럴 때는 소풍을 떠나고픈 마음이 몽글몽글 솟아나기도 합니다.

미세먼지가 몰려온다

언제부터인가 아침이면 '미세먼지 농도'를 확인하는 게 습관이 되었습니다. 특히 황사와 미세먼지가 심한 봄철에는 마스크를 착용하는 날이 많았지요. 학교에서는 체육 시간을 줄이고, 체험학습을 조정하기도 합니다. 미세먼지에 주의하라는 안전 안내 문자를 수시로 받기도 하고요. 미세먼지가 심할 때는 야외 활동을 자제하고, 외출할 때는 코와 입을 모두 가리는 마스크를 착용하며, 귀가 후에는 손을 씻는 등 개인위생에 신경 써야 한다는 것은 모두가 잘 알고 있는 사실입니다.

우리 집 창문으로는 남산 N서울타워의 조명이 잘 보입니다. 봄이나 겨울이면 주로 노란색이나 빨간색 조명이, 여름철이면 녹색이나 파란색 조명이 켜집니다. 파란불이 환하게 켜진 밤에는 괜히 기분이 좋습니다. N서울타워 조명색이 미세먼지 농도를 나타내기 때문이지요. 파란색은 좋음, 녹색은 보통, 노란색은 나쁨, 빨간색은 매우 나쁨을 표시합니다. 그러니 노란색이나 빨간색으로 빛나는 서울타워가 그리 예쁘게만 보이지는 않습니다. 노란색이나 빨간색이 미세먼지가 나쁘다는 표시라는 걸 알고 나니, 늘 파란색만 기다리게 됩니다.

실제로 파란 하늘이 너무 예뻐서 마냥 놀러 가고 싶기만 하던 2024년 5월과 6월 초에는 N서울타워의 조명도 연일 파란색이었습니다. 미세먼지 관측을 시작한 2014년 이래, 2024년 5월의 초미세먼지 농도는 가장 낮은 수준을 기록했고, 연속 일주일 이상 '좋음' 단계를 유지했습니다.

우리나라는 미세먼지를 포함한 대기의 질이 매우 좋지 않은 나라 가운데 하나입니다. 스위스의 한 기업이 발표한 「2023년 세계 대기질 보고서」를 보면, 오염이 심한 순서로 우리나라는 134개 나라에서 50위입니다. 일본이나 유럽, 미국 등의 국가보다 대기질이 나쁜 편에 속합니다. 심지어 2022년보다 초미세먼지 농도는 5%나 증가했는데, 이는 세계보건기구의 기준보다 4배 가까이 높은 것입니다.

보고서는 그중에서도 특히 서울, 부산, 대구, 인천, 울산 등 대부분 도시의 대기질이 나빠지고 있다고 밝혔습니다. 더 놀라운 것은 세계보건기구의 기준을 충족한 나라가 조사 대상인 134개국에서 불과 10개국밖에 되지 않는다는 사실입니다. 맑은 공기를 마시며 살 수 있는 나라가 얼마 안 된다는 뜻이지요. 대부분 산업화로 인한 대기오염과 도로교통량 증가가 그 원인입니다.

미세먼지와 초미세먼지, 왜 발생할까?

청소를 하다 보면, '먼지'가 날리는 것을 볼 수 있습니다. 미세먼지와 초미세먼지는 바로 그런 먼지 가운데 입자 크기가 작은 것을 따로 규정하는 말입니다. 세계보건기구는 입자의 지름이 10㎛(마이크로미터) 이하인 것은 미세먼지, 지름이 2.5㎛ 이하인 것은 초미세먼지로 규정했습니다. 머리카락의 지름이 50~70㎛ 정도니까, 미세먼지나 초미세먼지가 얼마나 작은지 추측해 볼 수 있습니다. 미세먼지는 주로 겨울철과 봄철에 많이 나타납니다. 봄철에는 유난히 바람도 적게 불어서 어딘가에서 날아온 미세먼지와 초미세먼지가 도시 속에 갇혀버리고, 겨울철에는 미세먼지의 발생 원인인 보일러의 가동이 늘기 때문입니다.

미세먼지가 생성되는 원인은 다양합니다. 일부는 모래 먼지나 산불, 황사 등을 통해 자연적으로 발생하기도 하지만, 대부분은 인위적으로 발생합니다. 석유, 석탄과 같은 화석연료를 태울 때 가장 많이 발생하기 때문에, 석탄화력발전소나 자동차, 보일러 등이 미세먼지의 주요 원인이 됩니다. 그것 말고 공사장이나 도로 등에서 발생하는 먼지도 있습니다. 그중에서도 초미세먼지는 주로 자동차 운행 및 석탄화력발전소에서 배출된 오염물질이 대기의 여러 요소와 반응해서 생성됩니다. 그렇다 보니 난방용 연료 사용이 늘어나는 겨울철에는 초미세먼지의 배출 요인이 증가하게 되지요.

미세먼지의 발생 요인은 국내적인 것에만 국한되지 않습니다. 일반적으로 우리나라에 영향을 미치는 대기오염 물질 가운데 30~50%

정도는 국외에서 유입된 것으로 분석합니다. 중국의 석탄발전이나 공장 가동 등은 물론이고, 최근에는 기후변화 때문에 빈번해진 산불이나 사막화로 인한 모래 먼지 등이 새로운 주요 오염원으로 가세하고 있습니다.

앞서 언급한 「2023년 세계 대기질 보고서」는 우리나라의 대기오염이 주로 제조업 등 산업 활동으로 인한 오염, 도시 내 차량의 배출가스, 황사 등에서 비롯된다고 분석하면서, 특히 57기(2021년 기준)나 되는 국내 석탄화력발전소의 가동이 주요 오염원이라고 짚었습니다. 석탄화력발전소에서는 기후변화의 원인인 이산화탄소 외에, 인체에 치명적인 질소산화물(NO_x)과 황산화물(SO_x)도 많이 배출됩니다. 석탄화력발전소가 우리나라 전력 발전에서 차지하는 비중이 매우 높을뿐더러 충남과 인천 등 서해안에 집중되어 있어서, 미세먼지 농도를 높이는 주요 원인으로 작용합니다. 게다가 기후변화로 고비사막이 점차 확장되고 있으며, 중국과 북한 등의 이웃 국가에서 유입되는 외부 오염원도 상당한 영향을 미치고 있다고 보고서는 밝혔습니다.

그래서 정부는 겨울철이면 미세먼지 계절 관리제를 시행합니다. 오래된 석탄화력발전소의 가동을 일부 중단하고 대기오염 방지시설을 점검하거나, 노후 경유차 운행을 제한하거나, 실내 공기질 점검을 강화하는 등의 정책을 세우고 있지요. 또한 우리나라에 많은 영향을 미치는 중국과는 공동 계절 관리제 기간 대책을 수립하거나, 서로 정보를 공유하고 대기질 연구에 협력하고자 노력하기도 합니다.

조용한 살인자, 화석연료 사용과 대기오염

미세먼지와 초미세먼지에 이처럼 관심을 기울이는 이유는 그것이 우리 건강에 매우 나쁜 영향을 미치기 때문입니다. 미세먼지 입자에는 보통 금속, 질산염, 황산염, 타이어 고무, 매연 등이 포함됩니다. 그런 이물질들은 기관지를 거쳐 폐에 흡착되어 호흡기 질환을 일으키지요. 호흡기 말고도 심뇌혈관 질환과 밀접한 관련이 있으며, 입자의 크기가 작을수록 독성의 영향이 큽니다. 크기가 작을수록 더 많은 입자가 인체의 특정 부위에 흡착될 수 있고, 폐를 통해 체내 혈관으로 침투하여 다른 기관 및 조직으로 이동할 수 있기 때문입니다. 이는 결국 사망에 영향을 미치기도 합니다.

미세먼지와 대기오염에 가장 취약한 것은 어린이와 고령층입니다. '미세먼지 문제 해결을 위한 국가기후환경회의' 자료집에는 이런 연구 결과가 담겨 있습니다. 미국 남부 캘리포니아 지역의 12개 초등학교 학생 1,759명을 대상으로 1993년부터 8년간 호흡 기능 발달을 추적 조사한 결과, 초미세먼지에 많이 노출된 어린이들이 그렇지 않은 어린이들보다 약 5배나 호흡에 어려움을 겪는다는 것이었지요.

미세먼지와 사망 사이의 연관성을 분석한 논문과 보고서도 많습니다. 2021년 학술지 『환경연구』에 실린 한 논문은 2018년 전 세계적으로 870만 명이 화석연료 사용에 따른 대기오염으로 사망했다면서, 우리나라도 화석연료의 미세먼지로 인한 사망률이 30.5%나 된다고 밝혔습니다. 그 사실을 바탕으로 각 국가의 정책결정권자와 이해관계자 들이 재생에너지로의 전환이 가져올 이익을 명확히 알 수 있을 것이라고도 언급했습니다. 2024년에 발표된 국내 연구팀의 보고서도 초미세먼지와 고령화의 영향으로 2050년에 국내 사망자 수가 11만 명에 달할 것으로 예측하면서, 지금보다 훨씬 강화된 미세먼지 대책을 촉구했습니다.

우리나라보다 더 심각하게 위협을 받는 곳도 많이 있습니다. BBC 등의 보도에 따르면, 인도는 세계보건기구 기준보다 90배나 높은 미세먼지와 대기오염으로 62만 명이 조기 사망합니다. 2016년 세계보건기구는 전 세계적으로 10명 가운데 9명이 대기오염의 영향을 받고 있으며, 해마다 600만 명 이상이 사망한다고 추산했습니다. 유니세프(UNICEF)는 대기오염 때문에 매년 전 세계 어린이 60만 명이 사망한다고 보고하기도 했지요.

안타까운 점은 그처럼 대기오염 피해가 큰 나라들 대부분이 남아

시아와 아프리카 등 가난한 국가라는 사실입니다. 유럽이나 미국 등 선진국은 대기오염이 상대적으로 심하지 않은 편입니다. 특히 인도처럼 석탄발전이 에너지 생산에서 큰 비중을 차지하는 국가들은 초미세먼지로 인한 건강 위협이 심화되고 있지요. 우리나라도 마찬가지입니다. 경제적 수준으로 보자면 이미 선진국이지만, 석탄발전소와 화석연료에 의존하는 산업으로부터 전환하는 속도가 매우 더딘 나라입니다. 당연히 미세먼지와 초미세먼지의 영향에서 벗어나기 힘듭니다.

아침마다 미세먼지 농도를 확인하며 마스크를 쓰고 손을 씻는 등 건강을 지키려는 개개인의 노력도 물론 중요합니다. 하지만 미세먼지와 초미세먼지를 발생시키는 석탄화력발전소를 줄이고 내연기관차를 규제하는 등의 적극적인 노력이 없으면, 결국 화석연료로 인한 피해와 사망자 수는 늘어나기만 할 것입니다. 대기오염 물질이 한곳에 머무르지 않듯이, 미세먼지가 미치는 영향도 지역과 국가를 넘어섭니다. 국가의 경제 성장과 산업화를 앞세우기 전에, 모두의 건강을 지키기 위한 책임 있는 노력과 전 지구적 대응이 더욱 강조되어야 합니다.

6

컨베이어 벨트에 끼인
생명

"공업 산업의 검은 연기가 대기 속에 뻗어나가는 그날엔 국가 민족의 희망과 발전이 눈앞에 도래하였음을 알 수 있는 것입니다." 울산 공업탑 비문에 적혀 있는 내용입니다. 1960년대에 울산을 '특정공업지구'로 지정하면서, 이를 기념하기 위해 1967년에 세운 조형물이 공업탑입니다. 공기 중의 검은 연기가 자랑스러웠을 때입니다. 지금은 공장이나 발전소 굴뚝에서 나오는 '검은' 연기가 건강과 환경에 문제를 끼친다는 사실을 잘 알고 있지요.

사회가 발전하면서, 단순히 '돈'을 많이 버는 것이 '행복'의 조건이 아니라는 것을 알게 되었습니다. 깨끗하고 안전한, 그리고 건강한 삶이 행복의 또 다른 요소라는 사실을 깨닫고 있습니다.

희생자는 있는데, 책임자는 없다

"사람이 죽었는데 어떻게 법원이 이러나. 왜 힘없는 약자들을 보호해 주지 못하는 것인가. 당신 아들이 그렇게 죽었어도 이런 판결을 내릴 것인가!" 2023년 12월, 대법원 앞에서는 한 사람의 울부짖는 소리가 터져 나왔습니다. 고 김용균 노동자의 어머니 김미숙 님의 외침입니다. 김용균은 태안화력발전소 하청 업체 소속으로 일하다가, 2018년 석탄을 운반하는 컨베이어 벨트에 끼어 숨졌습니다. 사고 당시 스물네 살이었습니다.

김용균을 사망에 이르게 한 업체는 그가 군 복무를 마치고 들어간 첫 직장이었습니다. 김용균은 신규 채용자 기본 교육 2일, 직무 교육 3일 등 총 5일의 교육을 받고 현장 작업에 투입되었지만, 함께 일할 선임자는 없었습니다. 야간에는 2인 1조로 근무하는 게 원칙이지만, 회사는 인력 수급을 문제 삼아 한 명씩 근무하게 했습니다. 결국 노동자의 사망은 회사의 안전조치 미비가 불러온 참사였습니다. 검찰은 회사가 안전 의무를 지키지 않아서 노동자가 사망한 것으로 보고 2020년 원·하청 기업과 임직원을 재판에 넘겼으나, 대법원은 무죄를 선고했습니다.

사실 그처럼 일터에서 죽은 노동자는 김용균뿐이 아닙니다. 2017년, 같은 태안화력발전소에서는 정비 중인 석탄화력발전소 3호기

보일러에서 청소 작업을 하던 하청 업체 노동자 한 분이 기기에 끼인 상태로 동료들에게 발견되었습니다. 병원으로 이송되었으나 결국 사망하고 말았지요. 2020년에는 강원 삼척의 삼표시멘트 공장에서 설비 점검을 하던 하청 노동자가 컨베이어 벨트에 몸이 끼여 집으로 돌아가지 못했습니다. 그 또한 2인 1조로 해야 하는 위험한 작업이었지만, 주변에는 아무도 없었습니다. 2023년 포스코 포항제철소에서는 연이은 추락과 질식 사고로 하루에 노동자 3명이 목숨을 잃었는데, 모두 하청 노동자였습니다. 일터에는 수많은 '김용균'이 있습니다.

일터에서 노동자가 죽거나 다치면 회사 대표나 안전관리 책임자 등은 처벌을 받습니다. 하지만 KBS가 2018년과 2019년에 나온 산업안전보건법 위반 일심 판결문을 분석한 결과, 피고인 1,065명 가운데 21명만 집행유예 없이 실형을 선고받았습니다. 비율로 따지면 전체의 1.9%에 그친 것이지요. 평균 형량은 9개월, 벌금 액수는 458만 원에 불과했습니다. 그 분석에 참여한 노무사는 말했습니다. "일터에서의 죽음이 어쩔 수 없는 일, 마치 자연재해의 결과 정도로 인식되는 것은 아닐까 하는 의구심이 듭니다." 분명 일터에서 사망한 희생자는 있는데, 그 사고를 책임지는 사람은 없습니다.

같은 노동, 다른 환경

2018년 김용균 노동자의 사망 이후 산업안전보건법이 개정되었습니다. 하지만 여전히 현장 노동자들의 안전은 취약하기만 합니다. 특히 건설업이나 조선업과 같이 위험에 노출된 작업이 많거나 하청 노동이 많은 경우에는 사고가 더 빈번히 일어납니다. 대기업에서 중소기업으로, 중소기업에서 더 규모가 작은 업체로 연결될수록 노동자의 안전은 더욱 불안해집니다. 대기업에서는 100만 원짜리 일이라도, 몇 단계를 거쳐 작은 업체로 내려가면 40만 원조차 받지 못하는 일이 되기도 하니까요.

고 김용균 노동자 사망 사고 소송에서도 핵심 쟁점으로 부각된 것은 원청과 하청 노동자 사이에 고용관계가 성립하는가 하는 부분이었습니다. 재판부는 하청 업체 직원인 김용균 노동자가 원청과 고용관계에 있었음을 인정하기 어렵다고 판단했습니다. 또 원청이 컨베이어 벨트의 위험 같은 문제점을 인식하지 못했기 때문에, 업무상 과실치사 혐의도 없다고 판단했지요.

원청과 하청. 도대체 이 관계는 무엇이길래, 노동자가 일하다가 죽는 일이 생겨도 관리하는 기업은 무죄를 선고받을까요? 일반적으로 원청은 대기업이고 하청은 중소기업인 경우가 많습니다. 원청은 공사나 제조, 관리 등을 완성할 책임이 있는 기업이고, 하청은 그중 일부를 수행하는 곳으로 원청과 계약관계를 맺습니다. 원청은 안전 사고가 발생했을 때 비용 부담을 줄이거나 인건비를 절감하기 위해 하청을 선호합니다. 또 하청 업체는 대기업의 주문이 있어야만 기업을 안정적으로 운영할 수 있습니다. 그런 두 기업의 이해관계가 맞물려 계약이 이루어집니다.

하지만 여기서 문제는 돈입니다. 원청은 가급적 적은 비용으로 계약하고, 작업에 들어가는 비용을 최대한 하청 업체에 떠넘기려고 합니다. 하청 업체도 계약 비용을 줄여야 대기업과 계약할 수 있으니, 제조나 운영 면에서 최대한 비용을 줄이고자 합니다. 2인 1조로 해야 하는 작업을 한 명으로 하거나 안전관리에 들어가는 비용을 줄이는 식으로 말이지요. 특히 설비를 유지 보수하거나 위험하고 힘든 작업은 하청 업체로 넘어가는 경우가 많습니다. 비용을 줄이려는 욕심은 원청에서 시작되었지만, 결국 안전관리의 책임은 하청 업체로 떠넘겨지는 것입니다.

그런 사실은 우리나라 핵발전소를 운영하는 한수원만 보더라도 알 수 있습니다. 방사선 피폭의 위험이 큰 방사선 안전관리 업무나 정비 업무 등을 맡는 하청 업체 노동자의 수는 원청인 한수원 직원보다 2배 이상 많습니다. 2013년 이후 2018년까지 한수원에서 발생한 업무상 사고 130건을 살펴보면, 137명이 부상하고 7명이 사망했는데 사상자의 90%가 하청 업체 직원이었습니다. 심지어 사망자

7명은 모두 하청 업체 직원이었지요. 게다가 하청 직원의 방사선 피폭량은 정직원보다 12.6배 이상 높게 나타났으며, 이는 일반 산업체 종사자에 비해 10배 이상 높은 피폭량입니다. 핵발전소를 관리하고 운영하는 똑같은 노동자에 대해, 한수원의 안전관리가 차별적으로 이루어지고 있음을 보여주는 것이지요.

석탄발전소도 마찬가지입니다. 국가인권위원회의 「석탄화력 발전산업 노동인권 실태조사」에 따르면, 원청과 하청 업체 직원의 연봉 차이는 1~4년 차의 경우 1,556만 원, 15년 차 이상의 경우에는 3,557만 원에 달했습니다. 노동환경도 서로 달랐습니다. 그 조사에 따르면, 하청 노동자들이 분진, 배기가스, 심한 소음과 진동 등에 자주 노출되며 업무상 재해 사고도 빈번했지만 산업재해로 신청하고 인정받기는 쉽지 않았습니다. 또한 작업에 필수적인 장비와 보호구 지급 등에서도 원청 직원들과 차별이 있는 것으로 나타났습니다.

위험의 외주화, 당연한 죽음은 없다

2019년 11월 21일, 경향신문 1면은 "오늘도 3명이 퇴근하지 못했다"라는 커다란 제목과 함께 뒤집힌 안전모 그림, 사망한 노동자 1,355명의 이름과 그들이 죽음에 이르게 된 과정으로 가득 찼습니다.

그들은 2018년부터 2019년 9월까지 '떨어짐, 끼임, 깔림·뒤집힘, 부딪힘, 물체에 맞음' 등 주요 5대 원인으로 사망한 노동자들이었습니다. 우리나라는 경제협력개발기구(OECD) 회원국 가운데 산업재해 사망률 1위라는 매우 부끄러운 기록을 갖고 있습니다. 매년 2,000명가량의 노동자가 사고나 질병으로 숨집니다. 일터에서만 하루에 6명이 죽는다는 통계가 있을 정도입니다.

'위험의 외주화'란 이처럼 위험하고 위해한 업무가 하청 노동자에게 전가되고 집중되는 것을 말합니다. 원청 기업이 반드시 필요한 업무지만 소위 힘들고(difficult) 더럽고(dirty) 위험한(dangerous) 3D 작업을 다수의 하청 기업에 떠넘기면서 문제가 발생합니다. 원청 기업이 그렇게 하는 이유는 기업의 이윤을 늘리기 위해서지요. 그 이윤 뒤에는 위험한 업무에 내몰리는 하청 기업 노동자들의 희생이 있고, 원청 기업에서 일을 받지 못하면 고용조차 불안한 비정규 노동의 아픔이 있습니다.

고 김용균 노동자의 생명도, 일터에서 숨진 탓에 집으로 돌아가지 못한 노동자들의 생명도 모두 이윤을 만들기 위한 희생이었습니다. 경제 성장이라는 익숙한 말은 어느새 그들의 희생을 어쩔 수 없는 일, 심지어는 당연한 일로 보이게끔 합니다. 특히 경쟁이 치열한 사회에서 하청 업체나 비정규직의 노동은 경쟁에 뒤처진 개인의 책임이 되어버립니다.

하지만 일터에서 노동자들이 죽는 일이 당연해야만 경제 성장이 가능하다면, 그런 사회를 정의롭다고 볼 수 있을까요? 노동자가 희생해야만 사용할 수 있는 에너지라면, 그 또한 편리한 에너지라고 자랑할 수 있을까요? 2인 1조 노동의 원칙을 지키고, 안전 교육을 철저히 하고, 안전 설비를 제대로 갖춘 노동 뒤에서 생산된 에너지를 공급받기란 불가능한 일일까요?

당연한 죽음은 없습니다. 책 『김용균이라는 빛』에서 소설가 김훈은 이렇게 말합니다. "죽음의 숫자가 너무 많으니까 죽음은 무의미한 통계 숫자처럼 일상화되어서 아무런 충격이나 반성의 자료가 되지 못하고 이 사회는 본래부터 저러해서, 저러한 것이 이 사회의 자연스러운 모습이라고 여기게 되었다. (…) 지금 김용균의 빛은 비록 작지만, 인간이 잃어버린 감각들을 회복시켜 주는 호롱불로 확산되고 있다."

김용균 노동자의 사망이 개인의 '당연한 죽음'이 아니라, 위험의 외주화를 넘어 정의로운 에너지를 만드는 소중한 노동의 가치를 일깨우는 계기임을 다시 한번 되새겨야겠습니다.

7

전기는
눈물을 타고 흐른다

"엄마는 왜 자꾸 송전탑 사진을 찍는 거야?" 미국 캘리포니아에 갔을 때의 일입니다. 버스를 타고 광활한 땅을 지나는데, 저 멀리 로봇 머리 같기도 하고 바이킹 투구 같기도 한 송전탑이 두 줄로 나란히 서 있는 게 보였습니다. 그처럼 긴 송전탑이 어디서부터 어디까지 연결되는 것인지 궁금했습니다. 또 우리나라에서는 좀처럼 볼 수 없는 모양이고 평지에 세워진 것도 신기해서, 나도 모르게 계속 사진기 셔터를 누르고 있었던 것이지요.

그것이 765kV 송전탑이라는 사실은 나중에야 알았습니다. 캘리포니아처럼 넓디넓은 땅에서 전기를 만들면 그 전기를 더 멀리 보내기 위해 세우는 탑이라는 사실도요.

주홍빛 감, 그 달콤함이 이어주는 밀양

해마다 가을이면 밀양 할매들이 보내주는 '감' 덕분에 마음이 따뜻해지곤 합니다. 밀양에서 유명한 납작한 감인 '반시'는 조금 덜 익어 딱딱할 때 수확한 후, 후숙 과정을 거쳐 먹어야 맛있습니다. 그래서 밀양에서 보내온 감 상자에는 커다랗게 개봉일도 적혀 있습니다. "O월 O일 전에는 절대 열지 마시오"라는 장난 섞인 당부의 말과 함께 말이지요. 그 감이 마음을 따뜻하게 만들고, 또 어디서 산 것보다 훨씬 달콤하게 느껴지는 것은 아마 밀양과 엮인 과거의 아픔과 눈물 때문일 겁니다. 그리고 그 아픔의 정면에 서 있는 할매들의 단단한 마음이 느껴지기 때문이겠지요.

2001년 한국전력공사(한전)는 송전선로 경유지 및 변전소 부지를 선정하고, 2007년 정부는 울산 신고리 핵발전소에서 북경남변전소까지 이어지는 765kV 송전선로 건설사업을 승인했습니다. 밀양 주민들은 2005년 한전에 항의 방문을 하고 궐기대회를 벌이면서, 지역 내 송전탑 건설에 반대하는 싸움을 시작했습니다. 2014년 행정대집행이 실시될 때까지 무려 10년 동안 농성을 이어간 이 싸움은 사실상 단일 국책사업에 대해서는 최장기간 최대 규모의 저항으로 기록됩니다. 그 과정에서 마을 주민 한 분이 분신자살을 했습니다. 국가 정책으로 마을 주민 한 분이 억울함을 호소하며 목숨을 저버린 비극적인 이 사건은 전국 각지의 시민들이 밀양과 연대하는 계기가 되었습니다.

'밀양 희망버스'라는 이름으로 시작된 이 연대는 때로는 수천 명으로, 때로는 서너 명으로 쉬지 않고 이어졌습니다. 밀양 시내에서 문화 행사를 열기도 하고, 상징물을 만들어 빈 논에 전시하기도 하고, 일손이 모자란 농사일을 도와 깻잎이나 감을 따기도 하고, 농성장을 수리하기도 하면서 연대의 발길을 이어갔습니다.

그런 연대의 움직임을 저지하기 위해 농성장 가는 길목 곳곳에 경찰들이 막아섰습니다. 하지만 할매들과 손잡으려는 간절함은 늘 농성장에서의 만남을 이뤄냈습니다. 송전탑 부지 앞에 만든 움막 농성장에서 함께 수다를 떨며 밥을 먹고 웃으며 노래했던 인연들은 '밀양 연대자'라는 이름이 되었습니다. '전기는 눈물을 타고 흐른다'라는 사실로 기억된 현장이지만, 그 안에는 연대의 따뜻함과 희망과 돌봄이 있었습니다.

2014년 6월 11일 새벽, 밀양에는 경찰 2,000여 명이 들이닥쳤습니다. 송전탑 건설 부지 산 중턱에 움막을 짓고 공사를 막으려던 할매들은 시커멓게 몰려든 경찰과 밀양시 공무원, 한전 직원 들에게 속수무책으로 끌려 나왔습니다. 윗옷을 벗고 젖가슴을 드러낸 채 목에 사슬을 건 할매들에게 남자 경찰들은 무시무시한 절단 가위를 들이댔습니다. 서로 팔짱을 걸고 할매들을 지키려던 수녀님들은 사지가 들린 채 밖으로 내동댕이쳐졌습니다. 농성장을 철거하고 송전탑 건설을 강행하려는 정부가 '행정대집행'이라는 이름으로 벌인 일입니다. 그 과정에서 수많은 사람들이 다치고 상처 입었지만, 행정대집행을 실행한 경찰은 오히려 포창을 받고 승진했습니다.

행정대집행은 농성장을 무너뜨리고, 그 자리에는 결국 69기의 송전탑이 들어섰습니다. 하지만 밀양 할매들은 여전히 송전탑이 들어선 그 땅에서, 송전탑을 바라보며, 송전탑에 반대하며 현실을 살아내고 있습니다. 그리고 내내 마음을 내어준 연대자들에게 주홍빛 감을 보냅니다. 고맙다고, 기억해 달라고, 여전히 함께하자고 말입니다.

핵 전기가 만들어 낸 비극, 밀양 송전탑

밀양 송전탑은 신고리 핵발전소 3호기에서 생산하는 전기를 공급하기 위해 계획되었습니다. 주민들의 반대로 건설이 지연되다가, 2013년 10월 박근혜 정부가 송전선 건설을 더는 미룰 수 없다고 주장하면서 공사를 강행했습니다. 한전은 증가하는 전력 수요를 감당하기 위해서는 송전선 건설이 반드시 필요하다면서, 밀양 주민들의 반대 의견을 전혀 받아들이지 않았습니다. 게다가 신고리 3호기 준공이 늦어지면 한수원이 핵발전소를 수출한 아랍에미리트에 페널

티를 물어야 한다며, 밀양의 송전탑 건설을 조속히 진행해야 한다고 주장했습니다. 신고리 3·4호기를 완공하더라도 송전선이 없으면 전기를 생산할 수 없다면서, 행정대집행이라는 어마어마한 폭력을 정당화했습니다.

하지만 신고리 3·4호기는 납품 비리와 노동자 사망 사고 등의 이유로 가동이 늦어져 2016년 12월에야 상업 운전에 들어갔습니다. 밀양 송전탑 공사를 그처럼 서두를 이유도 없었던 것입니다. 송전선 건설의 타당성을 검증하고 대안을 준비할 시간이 충분히 있었다는 뜻이지요. 그러면서 국가 폭력을 주민들의 반대 때문이라고 정당화하며, 삶터를 지키고자 하는 주민의 저항을 국책사업에 반대하는 지역 이기주의로 몰아세웠습니다.

밀양 주민들이 송전탑 건설에 반대하며 싸우는 동안, 그곳의 마을 공동체는 처참하게 무너졌습니다. 바로 돈 때문이었습니다. 한전은 송전탑 건설을 쉽게 추진할 수 있도록 주민들을 회유하기 위해 보상 방법을 바꾸었습니다. 그동안 마을 단위로 지급하던 보상금을 주민 각자에게 나누어 지급한 것이지요. 개별 지원금을 받으려면 송전탑 건설에 찬성한다는 각서를 써야 했습니다. 한전은 기한을 정해놓고, 그때까지 합의하지 않으면 보상을 받을 수 없다는 현수막을 걸고 주민들을 회유했지요. 힝님 아우, 이모 삼촌 하던 마을의 이웃들은 어느새 서로 인사도 나누지 않는 사이가 되었습니다. 국책사업이라는 이름이, 공익이라는 이름이, 편리한 전기라는 이름이 밀양 주민들에게는 잔인한 폭력이 된 것입니다.

지금도 밀양에는 보상금을 받지 않고 싸우는 사람들이 있습니다. 그중 한 사람인 정임출 할머니는 「시사IN」과의 인터뷰에서 지금까지 싸우는 이유를 이렇게 밝힙니다. "훗날 손주들에게 무슨 소리를 들을까 생각해요. 왜 그때 할머니 할아버지가 반대하지 않고 합의를 봐서 우리를 이 땅에 살지 못하도록 했냐는 소리는 듣기 싫어요. 후손들을 살리기 위해서는 끝까지 반대해야 한다, 그 마음뿐이지 딴 건 아무것도 없어요."

탈핵, 탈송전탑, 그리고 에너지 자립

765kV 송전탑은 높이가 40m쯤 되는 거대한 철탑입니다. 34층 높이의 아파트와 맞먹지요. 전자파 걱정을 떠나서, 눈앞에 있는 것만으로도 위협이 될 만한 크기입니다. 밀양 주민들이 한전과 정부에 요구한 것은 사실 매우 간단한 것이었습니다. 송전탑을 마을에서 조금 멀리 떨어진 곳에 건설하거나, 765kV보다 낮은 전압으로 땅속에 설치(지중화)해 달라는 것이었지요. 하지만 한전은 비용이 많이 든다는 이유로 모두 거부했습니다.

밀양의 하늘을 가로지르는 거대 송전탑

주민들의 반대에도 불구하고, 그처럼 높은 전압의 거대한 철탑을 건설하는 이유는 단 하나입니다. 대규모의 핵발전소 전기를 대규모 전기 소비지인 대도시로 옮기는 것. 그리고 그를 통해 더 큰 이윤을 남기는 것.

밀양 주민들은 서울에 왔다가 번쩍거리는 불빛을 보고 나서야, 밀양에서 왜 그런 일이 벌어졌는지 알게 되었다고 말합니다. 그 전기를 보내려고 무시무시한 핵발전소를 짓고, 그 전기를 보내려고 괴물 같은 철탑을 만들었다는 사실을 깨달았다고 말합니다. 그래서 밀양 주민들은 눈앞의 송전탑을 없애려면, 또다시 제2의 밀양을 만들지 않으려면 핵발전소를 그만 지어야 한다고 말합니다. 그리고 전기를 많이 쓰는 곳에서 스스로 전기를 만들려고 노력해야 한다고 말합니다. 농촌을 희생시켜 대도시와 산업을 지탱하는 '에너지 불평등'이 해결되어야만, 비로소 탈송전탑의 시대가 올 것이라고 말합니다.

우리나라의 큰 발전소는 대부분 바닷가에 있습니다. 여러 이유가 있지만 석탄발전소는 수입 석탄을 들여오기가 편리하고, 핵발전소는 바닷물을 냉각수로 이용하기 때문입니다. 그러나 그처럼 생산된 전기를 가장 많이 이용하는 곳은 서울 수도권입니다. 전기를 생산하는 곳과 소비하는 곳이 서로 멀리 떨어져 있기에, 대규모의 장거리 송전탑이 필요하게 됩니다. 따라서 송전탑 문제는 근본적으로 전력을 생산하는 곳과 소비하는 곳을 일치시키려는 노력이 있어야만 해결될 수 있습니다.

이미 우리나라 곳곳에는 송전탑 건설로 인한 지역 갈등이 많이 나타나고 있습니다. 강원도에서 수도권으로 전기를 나르는 송전탑 건설에 반대하며 강원 홍천과 경기 하남 지역 주민들이 싸우고 있고, 전남 지역의 전기를 경기도로 옮기는 송전탑 때문에 전북 장성과 정읍 주민들도 반대 운동에 나섰습니다.

결국 밀양의 송전탑 건설 반대 운동은 기존의 에너지 시스템이 불평등하다는 사실을 깨닫게 했습니다. 그리고 정의로운 에너지 전환을 말하는 우리가 서로 희망으로 연대하는 것이 필요하다는 사실을 보여주었습니다. 불평등한 현장 곳곳에 따뜻한 손을 내밀 때, '탈핵'과 '에너지 정의'가 만들어질 수 있다는 사실을 늘 떠올리게 합니다. 좀 전에 먹은 밀양의 감이 지금도 여전히 입안에서 달콤하게 퍼지고 있는 것처럼 말입니다.

3부

기후위기 시대,
어떤 에너지를 만들까

1

세상에서 가장 아름다운
핵발전소

'탈핵' 행사 안내를 위한 홍보 포스터에 사용할 핵발전소 이미지를 찾다가 한숨이 나왔습니다. 우리나라 핵발전소는 원형의 돔 모양입니다. 그런데 인터넷에서 막상 찾으려니, 냉각탑 모양은 많은 반면 돔 형태의 이미지는 구하기 어려웠습니다. 인터넷에서 원자력발전소 또는 핵발전소 이미지를 검색해 보세요. 대부분 가운데가 오목한 원기둥 모양인데, 이것은 핵발전소에서 발생하는 열 때문에 뜨거워지는 물을 식히기 위한 냉각탑입니다.

하지만 우리나라 핵발전소에는 이 냉각탑이 없습니다. 바닷물을 그대로 끌어올려서 원자로를 냉각시킨 후 배수구를 통해 다시 바다로 내보내기 때문입니다. 전기가 많이 필요한 산업단지나 서울 수도권에 핵발전소를 짓는다면 바닷물을 직접 사용할 수 없으니, 기존에 없던 냉각탑이 필요할지도 모르겠습니다.

핵발전소에서 재생에너지를 만든다고?

"핵발전소에서 재생에너지를 만들어요." 불가능한 소리 같지만, 실제로 오스트리아에 그런 발전소가 있습니다. 정말로 핵발전소 모양의 건물에 태양광 패널이 붙어 있지요. 어떻게 이런 모양의 핵발전소가 탄생했을까요? 이 발전소는 오스트리아 수도 빈에서 북쪽으로 약 70km 떨어진 곳의 츠벤덴도르프라는 한적한 마을에 있습니다. 츠벤덴도르프 핵발전소는 공사 끝에 완공되었지만, 한 번도 가동하지 않은 채 영구 폐쇄되었습니다. 오스트리아 국민투표를 통해 1978년에 내린 결정입니다.

2차 세계대전이 끝나고 1960년대 후반에 이르러 세계적으로 에너지 수요가 급증했습니다. 마침 '원자력의 평화적 이용'을 장려하던 원자력 산업계의 요구와 에너지 수요 급증을 감당할 필요성이 맞물리면서, 핵발전이 대안처럼 떠올랐지요. 오스트리아 정부도 그 흐름에 동참하면서 1970년대 4~6개의 핵발전소를 건설하기로 했습니다. 하지만 곧 핵발전의 안전성 문제와 생태계 오염에 대한 우려가 확대되면서 반핵 운동이 번져갔습니다.

그렇지만 이미 완공된 핵발전소를 멈추는 일이 쉽지는 않았습니다. 사실 오스트리아의 모든 정당이나 국민 대부분은 투표하기 직전까지, 이미 완공된 핵발전소가 가동하기도 전에 폐쇄되는 일은 없을 거라고 예상했습니다. 하지만 투표 결과는 가동을 반대하는 쪽이 50.46%로 아슬아슬하게 더 많았지요. 처음엔 그 결정에 우려하는 사람도 많았다고 합니다. 심지어 핵발전소를 재가동할 수 있으리라 기대하며, 8년 동안 200여 명의 직원이 시설을 관리했을 정도입니다.

하지만 1986년 체르노빌 핵사고를 목격하면서, 오스트리아 국민들은 위험한 핵발전소의 가동을 국민투표로 중단했다는 사실에 자부심을 갖기 시작했습니다. 특히 2차 세계대전 이후 오스트리아 사상 처음으로 이뤄진 국민투표라는 점, 국가의 에너지 정책을 민주주의 방식을 통해 결정했다는 점 등에서 역사적 상징이 되기도 했습니다.

이후 그 핵발전소 부지를 활용하기 위한 아이디어들이 쏟아졌습니다. 그곳에 박물관이나 영화 스튜디오, 테마파크 등을 짓자는 의견도 있었지요. 하지만 결국 그 발전소는 현재 핵발전소 모양을 그대로 간직한 채 재생에너지 발전소로 탈바꿈했습니다. 건물 외벽에는 태양광 패널을 붙이고, 건물 너머에도 태양광 시설을 설치했습니다. 이미 발전시설 부지로 허가받은 곳이었기 때문에, 태양광 시설 외에 바이오가스 발전시설도 설치할 수 있었지요.

그곳은 지역 주민이 주주로 참여한 시민 발전소로, 약 150~200가구가 사용할 수 있는 전기를 생산합니다. 원래 핵발전소였던 특징을 살려서, 한 번도 가동하지 않은 원자로는 일반인의 핵발전소 시설

견학이나 예비 핵발전 노동자들의 교육 장소로도 사용됩니다. 매주 진행하는 견학 프로그램은 인기가 매우 높아서, 1년 일정이 미리 꽉 찰 정도라고 합니다.

핵 없는 나라, 재생에너지로 전환하다

오스트리아의 수도 빈에는 원자력의 평화적 이용을 장려하는 국제원자력기구의 본부가 있습니다. 핵발전이나 원자력 이용에 관해서 중요한 결정을 수립하고 정책을 논의하는 곳이지요. 하지만 정작 오스트리아는 핵발전을 법으로 금지하고 있고, 현재 가동 중인 핵발전소도 없습니다.

1986년 체르노빌 핵발전소 사고는 오스트리아를 비롯한 유럽 국가들에 많은 영향을 미쳤습니다. 요오드, 세슘, 플루토늄 등의 방사성 물질이 화재로 뜨거워진 공기를 타고 1,500m 이상 솟아올라, 프랑스나 독일, 스위스 등 유럽 전역으로 확산되었습니다. 농작물이나 낙농업의 피해는 말할 것도 없고, 토양에서도 방사성 물질이 검출되었지요. 영국의 일부 지역은 방사능 오염이 심각해 법적으로 출입을 금지하기도 했습니다.

당시 오스트리아는 러시아 및 벨라루스, 우크라이나 지역을 제외하고, 방사성 낙진의 영향을 가장 많이 받은 나라입니다. 처음 수확한 상추와 딸기는 모두 폐기 처분되고, 방사능에 오염된 놀이터의 모래밭에서는 아이들이 놀 수 없었습니다. 그런 상황에서 오스트리아 국민은 츠벤덴도르프 핵발전소 가동을 중단한 일에 자부심을 갖게 되었고, 나아가 탈핵을 선언하기에 이른 것입니다. 이후에도 오스트리아는 핵발전 없는 나라라는 기조를 이어가고 있습니다.

1999년 오스트리아 국회는 '핵 없는 하나의 오스트리아' 법안을 만장일치로 통과시켰습니다. 핵무기 개발이나 이동, 핵발전소 건설 및 가동을 모두 금지했습니다. 2015년부터는 전력 원산지 제도를 시행해서, 핵발전으로 생산된 전력을 수입하는 일마저 금지합니다.

츠벤덴도르프의 핵발전소 가동을 중단하고 법으로 탈핵을 결정한 1980년대 이후, 오스트리아는 수력과 풍력 등 재생에너지 확대에 집중했습니다. 2023년 기준으로, 오스트리아의 전력 생산에서 재생에너지가 차지하는 비율은 무려 87%나 됩니다. 특히 풍부한 강수량과 하천 덕분에 수력발전이 가장 높은 비중을 차지합니다. 오스트리아의 주요 에너지원인 수력은 '백색 석탄'이라고 불리며 1차 세계대전 이후부터 꾸준히 발전했습니다. 최근에는 풍력과 태양광과 같은 재생에너지가 빠른 속도로 늘고 있습니다.

오스트리아는 2030년까지 전력의 100%를 재생에너지로 전환한다는 목표를 세우고 있습니다. 그 정책이 강하게 추진되는 데는 핵발전 없는 국가라는 자부심과 깨끗한 에너지를 이용하겠다는 국민 인식이 크게 기여했습니다. 탈핵 운동을 주도했던 츠벤덴도르프 주민들은 재생에너지 사업에도 매우 적극적으로 참여했습니다. 지역의 모든 에너지를 재생에너지에서 공급받겠다는 에너지 자립 목표를 세우고, 쓰레기를 이용한 바이오에너지 시설을 만들기도 했습니다.

법정에 선 핵발전, 과연 친환경 에너지인가?

유럽에서 최초로 탈핵을 선언한 국가는 그리스입니다. 1975년 지진이 발생했을 때 핵발전소가 위험하다는 이유로 핵발전 산업을 폐기했지요. 그 후 오스트리아와 스웨덴, 이탈리아, 스위스 등의 국가들이 핵발전소를 금지하거나 단계적으로 폐쇄하는 정책을 수립했습니다. 가장 최근에는 독일이 마지막 핵발전소 가동을 멈추었습니다.

기후위기가 심각해지고 획기적인 온실가스 감축이 요구되면서, 석탄이나 석유보다 온실가스 배출이 적은 핵발전에 관심이 높아졌습니다. 하지만 유럽연합 집행위원회는 핵발전이 수자원과 생태계 등에 위협적이기 때문에, 환경 면에서 지속가능하지 않은 수단으로 판단했습니다. 특히 인류가 처분할 방법을 찾지 못한 핵폐기물은 생태계에 막대한 해를 끼칠 우려가 큽니다. '기후변화에 관한 정부 간 협의체(IPCC)'는 6차 보고서를 통해 2030년까지의 수단별 감축 잠재량을 분석하면서, 핵발전이 재생에너지에 비해 온실가스 감축 잠재량은 적은 반면 비용은 훨씬 많이 든다고 평가했습니다.

그러나 여전히 일부 국가와 핵산업계에서는 탄소중립에 기여한다면서, 오래된 핵발전소의 수명을 연장하고 신규 핵발전소를 건설하는 등 핵산업의 부활을 꾀하고 있습니다. 대표적인 국가가 프랑스나 한국입니다. 반대로 오스트리아나 독일과 같은 국가들은 재생에너지를 육성하는 것이 더 의미 있는 일이라고 봅니다. 기후위기에 대응한다는 이유로, 또다시 파괴적인 환경 재앙을 초래할 수 있는 수단을 선택하는 것은 위험한 일입니다. 또한 건설하기까지 시간이 오래 걸리는 핵발전소는 나날이 심각해지는 기후변화에 대응하기에는 너무 느리고 경제적 부담이 큰 대책입니다.

지난 2022년 유럽의회는 녹색 금융투자의 기준인 녹색분류체계(Green Taxonomy)에 핵발전과 천연가스를 포함했습니다. 핵발전이 과연 '녹색'으로 분류될 수 있는지 많은 논쟁이 일었지만, 결국 탄소중립의 수단에 핵발전을 포함한 것입니다. 하지만 여기에는 강력한 조건이 붙었습니다. 최신 기술을 적용하여 2045년 이전에 건설 허가를 받아야 하며, 2050년까지 고준위 핵폐기물을 안전하게 처분할 계획을 갖추어야 한다는 것입니다. 아직 핵폐기물을 처리할 방법이 없는 핵산업계로서는 이행하기 힘든 조건이긴 합니다. 한편 오스트리아는 유럽의회의 그와 같은 결정을 두고 유럽사법재판소에 소송을 제기했습니다. '환경에 치명적인 핵발전이 녹색분류체계에 포함된 것은 유해 에너지를 친환경 에너지로 둔갑시키는 그린워싱(greenwashing)'이라는 이유 때문입니다.

진정한 녹색의 가치는 '공존'입니다. 핵발전소는 대규모 전력을 공급하는 데는 기여할 수 있겠지만, 생태계와 뭇 생명과의 공존의 가치를 잇기에는 수많은 불평등을 내재합니다. 오스트리아가 핵발전을 재판소에 세운 사건은 츠벤덴도르프 핵발전소 중단 이후 위험한 핵발전소와 결별하고 재생에너지로 적극 전환한 역사의 연장선상에 놓인 행동이며, 전 세계 또한 그처럼 전환할 수 있다는 가능성을 알리는 행동이 될 것입니다.

2

핵발전 대신 탄생한
태양의 도시

"원전하나줄이기 사업을 할 계획인데, 교육을 해주실 수 있나요?" 후쿠시마 핵사고가 발생한 후였습니다. 핵발전이 무엇인지, 왜 사고가 났는지, 어떤 영향이 있는지, 우리나라 핵발전소 상황은 어떤지, 그리고 핵발전 중심의 정책을 바꾸려면 어떻게 노력해야 하는지 시민들의 관심이 높았습니다. '원전하나줄이기' 사업은 핵발전소가 하나도 없는 서울에서, 핵발전소 전기를 줄이기 위해 에너지를 절약하고 효율화하며 재생에너지 생산 확대를 꾀하는 사업이었습니다.

시민사회단체를 비롯해 공동주택이나 마을 단위에서 또는 시민모임에서도 다양한 활동을 만들었습니다. 10분간 전깃불은 끄고 촛불을 켠 채 대화하는 시간을 갖기도 하고, 각 가정에서 불필요하게 소비되는 전력을 찾아 개선 방법을 공유하기도 하고, 별빛 축제를 통해 에너지 절약을 홍보하기도 했지요.

수천 명이 9개월간 야영을 한 이유

1975년 2월, 수천 명의 시위대가 독일 프라이부르크에서 북쪽으로 30km 떨어진 흑림 깊숙한 곳에서 야영을 시작했습니다. 지역 주민이 선두에 서고, 시민사회 활동가, 알자스 와인 생산자, 스키어, 농부, 건축가, 의사, 교육자, 언론인, 음악가, 경찰관 등 매우 다양한 사람들이 포함되었습니다.

그들은 모두 인근 지역 포도밭에 계획된 핵발전소 건설을 막기 위해 모인 사람들입니다. 9개월 동안 이어진 야영 시위로, 결국 핵발전소 건설 계획은 중단되었습니다. 그러다 1986년 체르노빌 핵사고가 발생하자 시의회는 핵발전 정책을 철회했습니다. 시민이 주도해 핵발전소 건설을 막은 경험으로 프라이부르크는 정치, 사회, 문화 등 여러 방면에서 환경과 생태적 시각을 넓히기 시작했고, 지금은 지속가능한 도시를 대표하는 이름이 되었습니다.

프라이부르크 주민들은 핵발전을 반대하는 대안으로 지속가능한 에너지원을 찾으려 노력했습니다. 프라이부르크가 독일에서 일조량이 많고 따뜻한 휴양도시 가운데 하나라는 점에 주목하면서 태양에너지를 선택했지요. 1979년부터 태양광 패널을 설치하기 시작했고, 1987년에는 '그린 시티'로 전환하겠다고 선포했으며, 2050년까지 재생에너지 100%(RE100) 달성을 목표로 세웠습니다.

독일에서 시민 일인당 태양광발전 장치가 가장 많은 도시, 태양광 발전 총량이 포르투갈과 그리스의 태양광 발전량과 맞먹는 도시, 이 모두가 프라이부르크를 수식하는 표현입니다. 프라이부르크에서는 시청이나 학교, 축구장 등 시내 어디서나 태양광 패널을 볼 수 있습니다. "건물마다 지붕이 있잖아요. 학교, 정부 청사, 회사, 고속도로까지 태양광 패널을 설치할 수 있는 곳은 많습니다. 중요한 건 의지입니다." 유럽환경재단 이사장인 베른트 달만의 말입니다.

프라이부르크가 대표적인 환경 도시, 태양의 도시로 탄생한 것은 환경과 생태를 중요하게 여긴 시민들의 노력이 있었기 때문입니다. 환경보호에 적지 않은 돈이 든다는 사실은 잘 알지만, 그럼에도 자연을 지키는 일에 대한 투자는 당연하다는 인식이 퍼져 있는 것입니다. 자연 친화적인 삶을 위해 에너지 소비를 줄여야 하고, 사용하는 에너지 또한 친환경적이어야 한다는 생각도 그런 인식 속에서 확산되었습니다. 그 과정에서 재생에너지를 중심으로 한 에너지 정책, 자가용 대신 대중교통과 자전거가 중심이 되는 교통 정책, 공공 행사에서의 일회용품 사용 금지 및 재활용 중심의 쓰레기 정책, 도심 하천을 살리고 흑림을 보호하는 것 모두 주요한 정책으로 자리매김했습니다. 핵발전소가 건설될 예정이던 독일 남쪽의 작은 도시 프라이부르크는 이제 태양의 도시, 환경의 도시, 그리고 살고 싶은 도시가 되어 사람들이 몰려들고 있습니다.

낙후한 지역에서 생태 마을로, '보봉' 에너지 마을

프라이부르크에서 차로 20분쯤 떨어진 곳에 보봉(Vauban) 마을이 있습니다. 친환경 마을, 생태 마을, 에너지 자립 마을 등 다양한 이름으로 불리는 그곳은 세계 곳곳에서 벤치마킹하는 깨끗하고 쾌적한 마을입니다. 하지만 이 마을은 1차 세계대전 시기 독일군의 병영이었고, 1992년 연합군이 철수하기 전까지 프랑스 군대가 주둔했던 매우 낙후한 지역이었습니다. 프랑스군과 나머지 연합군이 철수하면서, 마을의 개발을 논의하기 위해 시민 자치 모임인 '보봉 포럼'이 결성되었습니다. 주택난에 허덕이던 가난한 학생들과 빈민들이 주축이 되었지요.

보봉 포럼은 몇 가지 원칙을 바탕으로 생태 마을을 만들고자 했습니다. 가장 먼저 정한 원칙은 석유나 석탄 등의 화석연료나 핵발전 등 환경오염과 위험한 사고의 원인이 되는 에너지가 아닌, 태양광과 바이오매스를 선택하는 것이었습니다. 지금도 보봉 마을 입구에서 맨 먼저 보이는 것은 태양광 지붕으로 덮인 주차장입니다. 마을 주민들이 살고 있는 150여 채 연립주택에도 태양광 패널이 다양하게 설치되어 주택에 필요한 전력을 충당하고 있습니다.

또 하나의 원칙은 보행자의 권리를 최대한 보장하는 것이었습니다. 주차장은 마을 외곽에 두고, 마을 안쪽으로는 자동차 진입을 제

독일의 보봉 마을

한했지요. 개인 주차장을 없애고 공유 자동차를 늘리자, 교통사고도 감소하고 대기오염도 줄었습니다. 마을에 자동차가 줄어드니 아이들이 뛰어놀 수 있는 공간이 늘어났습니다. 마을 곳곳에 있는 생태적인 놀이터에서, 자전거와 인라인스케이트를 타는 아이들을 많이 만날 수 있습니다.

또 보봉 마을에는 플러스 에너지 하우스가 많습니다. '플러스 에너지 하우스'란 건물의 에너지 효율을 높여서 에너지 소비를 줄인 패시브하우스에 태양광 설비 등을 더하여 필요한 전력을 직접 생산하는 집입니다. 주변에 나무를 많이 심어 그늘을 만들고 온도를 낮추는 것도 에너지를 적게 사용하는 방법입니다. 또한 그곳 주민들은 물 사용에 대해서도 고민을 많이 한 끝에, 집마다 빗물 저장장치를 두고 빗물의 재활용을 늘려 물 사용을 줄였습니다. 재정 문제를 해결하기 위해서 주민들이 스스로 마을 펀드를 조성하고, 공동의 이익을 창출할 사업을 진행하고, 일자리도 만들었지요.

낙후한 마을이 그처럼 변화한 데는 주민 전체의 자발적이고 적극적인 참여와 보봉 포럼의 역할이 컸습니다. 주민들이 자주 만나 소통하면서 교육과 토론을 이끌고, 서로 신뢰를 형성했습니다. 그들은 환경을 지키고 생태 공동체를 유지하는 것이, 경제 성장만 바라보며 서로 경쟁하는 것보다 더 풍요롭게 사는 방법임을 깨닫고 실천하고 있습니다.

'안전한 핵발전은 없다', 탈핵을 이룬 독일

2023년 4월 15일, 독일 핵발전소 냉각탑에 불꽃놀이 조명이 켜졌습니다. 독일에서 가동 중인 마지막 핵발전소 3기가 꺼진 날이었습니다. 불꽃 조명은 독일의 완전한 탈핵을 축하하는 메시지였지요.

독일은 1961년에 처음 핵발전소를 지었습니다. 1970년대 오일 쇼크를 거치며, 핵발전이 필요하다는 공감대가 확산되면서 핵발전소는 늘어만 갔습니다. 전국에 최대 37기의 핵발전소를 운영했는데, 1990년대까지 전체 전력의 3분의 1을 핵발전에서 얻었을 정도로 독일은 핵발전 강국 중 하나였습니다. 하지만 구 소련의 체르노빌 핵사고를 겪으면서 2022년 말까지 탈핵을 달성하기로 결정하고, 당시 가동 중이던 17기 핵발전소 가운데 7기의 가동을 즉각 중단했습니다.

사실 독일의 탈핵 결정이 쉬웠던 것은 아닙니다. 독일은 2000년부터 탈핵을 시도했지만, 2009년에 재집권한 앙겔라 메르켈 총리가 핵발전소 수명을 평균 12년 연장하기로 결정하면서 탈핵 기조가 후퇴하기도 했습니다. 하지만 독일 국민은 2차 세계대전 당시 겪었던 핵전쟁의 두려움과 체르노빌 및 후쿠시마 사태와 같은 핵사고의 위험을 직접 경험하며 탈핵의 의지를 다졌습니다.

또한 독일의 탈핵 결정에는 '안전한 에너지 공급에 관한 윤리위원회'가 큰 역할을 했습니다. 윤리위원회는 에너지 정책에서 중요한 가치를 '지속가능성'과 '책임'에 두었습니다. 여기에 더해 메르켈 총리가 탈핵을 지지한 것이 결정적인 계기가 되었습니다. 메르켈 총리는 일본의 후쿠시마 핵발전소 사고가 발생한 뒤 "후쿠시마가 내 생각을 바꾸었습니다. 우리에겐 안전이 무엇보다 소중한 가치입니다"라고 말하며 기존의 결정을 뒤집었습니다.

"이 세상 어떤 원전에서도 1986년의 체르노빌이나 2011년의 후쿠시마와 같은 재앙적인 사고가 일어날 가능성을 배제할 수 없습니다. 핵발전은 3세대 동안 전력을 공급했지만, 그로 인한 핵폐기물 처리 부담은 앞으로 3만 세대가 지게 될 것입니다." 마지막 핵발전소를 멈추기 전, 독일 환경장관 슈테피 렘케가 한 말입니다. 마지막 핵발전소를 멈춘 독일은 2035년까지 화석연료 발전도 멈추고 모두 신재생에너지로 전환하겠다는 목표를 세웠습니다. 기후 대응과 안전을 위한 결정이었지요.

2024년 10월 기준, 우리나라는 26기의 핵발전소를 운영하고 있습니다. 이에 더해 4기가 건설 중이며, 최대 3기를 더 짓겠다는 계획도 세웠습니다. 이 계획대로라면, 2038년에는 최대 33기의 핵발전소가 있게 되는 셈입니다. 원자력안전위원회가 공개하고 있는 우리나라 핵발전소 사고와 고장 건수는 무려 800건이 넘습니다. 태풍이 증가하고 지진 위험이 커지는 지금, 핵발전소의 위험은 더 커졌습니다. 고준위 핵폐기물을 처리할 방법은 여전히 찾지 못했고요. 이 모두가 '지속가능성'과 '책임', 그리고 '안전'에서 자유롭지 못합니다.

3

구글과 애플,
세계적 기업의 선택

보드게임 좋아하세요? 우리 가족은 윷놀이, 다트 게임, 카드 게임 등 보드게임을 즐기는 편입니다. 그러다가 결국 보드게임을 하나 만들었어요. 함께 일하는 교육활동가들이 내용을 채운 보드게임에, 우리 가족이 이것저것 규칙을 더했지요. 그렇게 탄생한 보드게임이 바로 '기후정의탐험대'입니다. 기후 정의 사회를 만들기 위해, 주사위를 던져 길을 떠나는 모험이에요.

그 안에는 국제사회, 국가와 지방정부, 시민들의 기후 행동이 담겨 있습니다. 당연히 우리 사회를 구성하는 주체 가운데 하나이자 책임 있는 구성원인 기업의 역할도 포함되지요. 재미있게 게임을 즐기다 보면, 재생에너지 늘리기, 지속가능한 경영하기, 수리권 보장하기, 플라스틱 포장재 줄이기 등 기후위기에 대응하는 기업을 만날 수 있습니다.

기업들의 RE100 경주, 한국 기업 성적은?

지난 2021년, 한 체육관에서 특별한 달리기 대회가 열렸습니다. 국제 환경단체인 그린피스가 주관한 'RE100 모의 경주대회'였지요. 실제로 선수들이 나와서 달리기를 한 건 아니고, 한국과 중국, 일본 3개국의 정보통신기술(ICT) 기업을 선수로 표현한 퍼포먼스였습니다. 각 기업이 재생에너지 100% 전환, 즉 RE100을 위해 얼마나 노력하고 있는지 평가한 점수로 순위를 매겼지요.

30개 기업을 대상으로 기후위기 대응 약속, 기후위기 대응 실천, 정보 공개의 투명성, 기후위기 대응 정책 옹호 활동 등 네 부문을 평가해서 A부터 F까지 점수를 매겼습니다. 하지만 안타깝게도 A나 B의 성적을 받은 기업은 하나도 없었습니다. 소니가 C+로 가장 높은 평가를 받았고, 한국의 LG전자는 C-, 삼성전자가 D, 카카오와 삼성디스플레이는 심지어 낙제점인 F를 받았습니다.

기후위기를 일으키는 주범은 화석연료입니다. 화석연료로 전기와 플라스틱을 만들고 자동차를 이용하는 데서 어마어마한 양의 온실가스가 나오지요. 그런데 어째서 그날 경주는 하필 정보통신기술 기업을 대상으로 했을까요? 정보통신기술 산업은 화석연료를 직접 태우는 분야도 아닌데 말이지요.

깨끗하고 오염물질을 배출하지 않을 것 같은 이 산업들은 사실 어마어마한 전기를 사용합니다. 그렇다 보니 산업의 성장과 함께 전력 사용이 늘고, 덩달아 온실가스 배출량도 급격히 증가하고 있는 것이 지요. 정보통신기술 산업이 국내 시멘트 산업보다도 훨씬 많은 온실가스를 배출하고 있다니 놀라운 일입니다. 하지만 정보통신기술 산업의 온실가스 배출은 전력 사용에 따른 것이므로, 재생에너지로 사용 전력을 공급한다면 얼마든지 온실가스 배출을 줄이고 탄소중립에 도달할 수 있습니다. 구글이나 애플 등의 세계적 기업이 RE100에 가장 빠르게 도달한 것도 그런 이유 때문입니다.

RE100은 기업 활동에 필요한 전력의 100%를 재생에너지로 사용하겠다는 세계적 기업들의 자발적인 캠페인입니다. '재생에너지 전기(Renewable Electricity) 100%'의 줄임말이지요. 국제 비영리단체인 탄소 정보공개 프로젝트(CDP: Carbon Disclosure Project)와 협력하면서, 기후위기에 대응하고 탄소중립을 향해 노력하는 한 과정입니다.

온실가스 배출을 줄이는 가장 확실한 방법은 석탄이나 석유, 가스 등 화석연료 발전을 태양광이나 풍력과 같은 재생에너지 발전으로 전환하는 것입니다. 재생에너지 발전 기술은 이미 세계적으로 널리 확대되면서 그 효율성과 경제성이 크게 향상되었습니다. 2024년 기준으로, 이미 400개가 넘는 기업이 RE100 캠페인에 동참하고 있습니다. 탄소 성보공개 프로섹트의 2023년 보고서에 따르면, RE100에 참여한 기업들이 한 해 동안 사용한 전력은 총 500TWh(테라와트시)

가 넘었는데, 이는 프랑스에 전력을 공급할 수 있는 충분한 양이라고 합니다. RE100을 한 국가라고 가정한다면, 세계 10위의 재생에너지 국가가 될 수 있을 정도입니다.

기업의 기후변화 책임, RE100을 선택한 기업들

탄소 정보공개 프로젝트는 지난 30년간 세계 100개 기업에서 배출한 탄소의 양이 전 세계 온실가스 배출량의 3분의 2 이상을 차지한다고 발표했습니다. 특히 발전산업이나 철강 산업, 석유화학 산업 등이 온실가스 배출에 많은 영향을 미칩니다. 우리나라도 마찬가지 상황이어서, 자산 총액 기준 상위 10대 그룹이 국내 온실가스 전체 배출량의 3분의 1 이상을 배출했습니다. 그만큼 기업의 온실가스 감축 및 기후위기 대응 노력이 필요하다는 의미입니다. 전 세계적으로 약 1만 2,000여 개의 기업이 탄소중립을 선언하고, RE100이나 지속 가능한 경영을 위해 노력하고 있습니다.

유엔도 그런 흐름에 맞추어, 도시와 지역, 금융기관, 기업 들이 기후 목표를 신뢰성 있게 달성할 수 있도록 전문가 그룹을 설립했습니다. 전 세계 자산운용사 연합체인 넷제로 자산운용(NZAM)도 2050년 탄소중립을 목표로 세우고, 기후변화를 유발하는 산업과 기업이 아닌 기후변화 대응에 우호적인 곳에 투자하겠다고 밝혔습니다.

이런 흐름을 주도하면서, 가장 빠르게 RE100에 앞장서는 기업이 구글과 애플 등 세계적 IT 기업입니다. 구글은 전 세계 기업 가운데 가장 많은 양의 재생에너지 전력을 구입하는 회사로, 2017년 이미 모든 데이터 센터의 전력을 재생에너지로 공급하는 데 성공했습니다. 애플도 2019년에 RE100을 달성했습니다. 제조업 분야에서 전력 사용량이 많은 자동차 기업인 BMW도 2019년에 재생에너지 70%를 넘기며, 재생에너지로의 전환에 속도를 더하고 있습니다.

국내 대기업에서도 RE100에 동참하는 기업이 늘고 있습니다. SK하이닉스나 SK텔레콤 등 SK그룹이 2020년 가입한 데 이어 삼성전자나 LG전자, 네이버나 카카오 등의 정보통신기술 기업, 현대자동차 등의 제조 기업 등이 동참하면서, 2023년 기준으로 36개 기업이 참여하고 있지요.

하지만 한국 기업의 RE100 목표 달성은 요원하기만 합니다. 아모레퍼시픽이 2025년까지 목표로 한 것을 제외하면, 대부분 2040년 이후를 목표 기한으로 하고 있습니다. 실제로 국내 IT 기업을 대표하는 네이버는 2021년 재생에너지 사용 비율이 1%도 되지 않았습니다. 삼성전자도 재생에너지 사용은커녕 오히려 국내 온실가스 배출량을 계속 증가시키고 있습니다. 포스코나 현대제철 다음으로 온실가스 배출량이 많은 삼성전자의 기후위기 대응 노력이 매우 부족하다는 사실을 보여줍니다.

RE100 하기 좋은 나라, 나쁜 나라

"한국이 세계에서 가장 힘든 곳이다." 전 세계 친환경 에너지 전환을 주도하고 있는 더 클라이밋 그룹과 탄소 정보공개 프로젝트는 2023년 RE100 연례 보고서를 통해, 한국에서 재생에너지를 조달하는 일이 매우 어렵다고 평가했습니다. 세계적 유통 기업인 아마존도 "한국에서는 재생에너지를 구하기가 너무 어렵고, 이런 상황이 지속된다면 한국 재생에너지에 투자하기로 한 계획이 바뀔 수도 있다"라고 말했습니다.

한국은 세계 주요 경제 강국으로 자동차와 전자제품의 선도적인 수출국이지만, 안타깝게도 생산 과정에서 여전히 화석연료에 크게 의존하고 있습니다. RE100의 보고에 따르면, 기업들이 재생에너지를 조달하기 가장 어려운 세계 2대 국가 가운데 하나가 한국입니다. 한국에서 활동하는 RE100 기업의 40%가 재생에너지 전력을 조달하는 데 어려움을 겪고 있다고 하지요.

가장 큰 이유는 국내에서 재생에너지로 생산되는 전기의 양이 너무 적기 때문입니다. 우리나라의 총 전력 생산량에서 재생에너지가 차지하는 비중은 10%가 채 되지 않고, 이것은 전 세계 평균인 50%에 비해 훨씬 낮은 수치입니다. 우리나라 정부의 제11차 전력수급기본계획을 보아도, 재생에너지 목표는 미흡하기만 합니다. G20 국가에서는 꼴찌의 성적을 기록하고 있습니다.

세계적 기업들이 RE100에 동참하고 신속하게 대응하는 것에는 기후위기에 대한 사회적 책임감뿐만 아니라 다른 중요한 이유도 있습니다. 기업이 배출하는 온실가스를 줄이지 않으면, 수출 경쟁에서 살아남기 힘들어지기 때문입니다. 국제시장에서 재생에너지 전기로 생산하지 않은 제품에 더 많은 세금을 부과하기도 하고, 세계적 기업의 경우에는 협력 업체에 재생에너지로 부품을 생산하여 납품하도록 요구하기도 합니다.

따라서 우리 정부는 기업의 경제 활동을 위해서라도, 재생에너지를 확대하는 데 더 많은 지원과 투자를 해야 합니다. 그러지 않으면 국내 기업들은 생산 공장을 해외로 이전하는 등 다른 선택을 해야 할지도 모릅니다. 실제로 한국무역협회가 진행한 설문조사에서, 국내 기업의 7.5%가 RE100에 대응하기 위해 공장이나 회사를 해외로 옮길 수도 있다고 응답했습니다.

우리나라 정부는 재생에너지를 늘리기보다 핵발전을 확대하는 데 더 많이 투자하고 지원합니다. 하지만 더 클라이밋 그룹은 「재생에너지에 대한 거짓 신화 깨기」라는 자료를 통해, 핵발전이 재생에너지가 아니라고 분명히 밝히면서 한국의 재생에너지 잠재량이 매우 풍부하다고 언급했습니다. "핵발전은 재생 가능 에너지원이 아닙니다. 핵발전은 제한된 에너지원인 방사성 연료를 사용합니다. 재생 가능 에너지란 소비되는 것보다 더 높은 비율로 보충되는 천연자원에서 나오는 것입니다. 해상풍력을 이용할 경우 한국은 624GW(기가와트)의 잠재력이 있습니다." 우리나라 발전설비의 총규모가 140GW 정도이니, 이보다 4배나 큰 규모의 발전을 해상풍력으로 충당할 수 있다는 것입니다.

2023년 제28차 기후변화협약 당사국총회에서는 130개 이상의 국가가 모여 2030년까지 전 세계 재생에너지의 용량을 3배로 늘리겠다고 약속했습니다. 세계의 많은 투자 회사들도 화석연료 기업에는 투자를 제한하고 재생에너지 기업에 투자하겠다는 원칙을 세웠습니다. 이제 화석연료의 시대는 끝났습니다. 재생에너지를 빠르게 확대하기 위한 적극적인 정책을 수립하고 행동에 나서야 할 때입니다.

4

미래에는 전기를 먹고
살 수 있을까?

"케이블카 설치 공사는 우리에게 삶과 죽음을 가르는 문제였어요. 케이블카가 우리가 사는 곳 위로 다니게 됐다면, 그 소음과 진동 때문에 도저히 살 수가 없었을 거예요. 사람들은 얘기했죠. 그럼 다른 곳으로 이사를 하면 되지 않느냐고. 하지만 무분별하게 파헤쳐지는 숲에서 저희가 갈 수 있는 곳은 많이 없었어요. 우리 다음 세대의 산양들이 다음 세대의 사람들과 공존할 수 있으면 좋겠어요."

2019년 9월 17일자 「한겨레」에 실린 것으로, 설악산에 살고 있는 산양 '뿔이'가 쓴 편지의 일부입니다. 설악산에 케이블카 건설이 추진되면서 생존권을 위협받은 산양 28마리가 소송을 제기했으나, 원고 자격을 인정받지 못했습니다.

'칼'이 된 태양광발전소

고을 사또의 청을 거절하고 옥에 갇힌 춘향의 목에는 칼이 채워졌습니다. '칼'은 보통 널빤지의 한끝에 구멍을 뚫어 죄인의 목에 끼웠던 형벌 도구입니다. 볕 좋은 가을날, 여의도를 걷다가 목에 칼을 낀 농민들을 만난 건 엄청난 충격이었습니다. 농민대회에 참가한 농민들의 목에 끼워진 칼이 태양광 패널의 모양을 하고 있었기 때문입니다. 태양광발전은 기후위기 시대에 꼭 필요한 발전 방식이고 더 많이 확대해야 하는 것인데, 농민들이 왜 태양광 모양의 형틀을 차고 있는지 궁금했습니다. 걸음을 멈추고 가만히 농민들의 이야기를 들어보았습니다.

무대에 오른 농민은 "기후 재난은 자본의 욕심으로 발생했는데, 피해는 농민이 봅니다. 태양광·풍력발전소 등 신재생에너지로 농촌 현장이 파괴되고 있습니다"라고 비판의 목소리를 높였습니다. 또 다른 농민은 "고품질의 쌀을 생산하는 수백만 간척지가 태양광으로 뒤덮이고 있습니다. 소금값이 치솟고 농민의 70%인 임차농은 쫓겨날 지경에 이르렀습니다"라면서 무분별한 재생에너지 시설 설치 문제를 지적했습니다.

사무실로 돌아와서 관련 기사를 찾아보았습니다. 같은 해 봄에 진행된 전남 지역 농민대회에서도 농민들이 "태양광 박살"이라는 구호를 외쳤다는 기사가 눈에 들어왔습니다. 해남이나 나주 등의 전남 지역은 간척지 태양광발전 사업에 반대하는 주민들이 늘면서 갈등이 커지고, 나주시는 간척지 태양광발전 사업에 공식적인 반대 의견을 내기도 했습니다. 도시의 전기 소비를 충족하기 위해 건설되는 태양광이 농촌에서는 삶을 위협하는 폭력이 되고 있었습니다.

태양광 발전설비를 설치하기 위해, 2015년부터 2018년까지 3년 동안에만 여의도 면적의 19배나 되는 농지가 사라졌습니다. 전북이 가장 많고 그다음이 전남 지역이었습니다. 당시 정부는 태양광 시설을 농지에 건설할 때 농업 생산성이 낮거나 여건이 좋지 않은 간척지 등을 우선으로 활용하겠다고 했습니다. 농업 생산량이 많고 영농 환경이 좋은 농업진흥 구역 등 우량농지는 적극 보전하기로 했고요.

하지만 편법으로 농업진흥 구역에 태양광 발전설비를 설치하는 사례가 많아지고, 그것을 이용해 땅 투기를 하는 사람들도 생겨났습니다. 태양광발전으로 수익을 내고자 하는 기업이나 외지인이 농지를 임대하여 태양광 설비를 설치하고 소득만 챙겨가는 경우가 빈번해지면서, 농촌에서는 아무런 이익을 얻지 못한 채 지역 갈등만 심화되었습니다. 게다가 농민의 70%가 빌린 땅에서 농사를 짓는 임대 농인 상황이다 보니, 태양광발전은 농사짓는 데 방해만 될 뿐이었지요. 농지가 훼손될 우려도 크고요.

이런 사실을 알게 되니, 농민들이 왜 태양광발전에 반대하는지 조

금은 이해할 것 같았습니다. 재생에너지라고 해서 무조건 옳기만 한
건 아니었습니다.

그레타 툰베리, 풍력발전기를 반대하다

얼마 전 뉴스를 통해, 환경운동가 그레타 툰베리가 풍력발전소 건
설에 반대하다가 경찰에 연행되었다는 소식을 듣게 되었습니다. '아
니, 왜 풍력발전기 건설을 반대한다는 거지?' 기후위기에 대응하려
면 재생에너지 중심의 에너지 전환이 필요하고, 그중 풍력은 태양광
발전과 함께 대표적인 재생에너지입니다. 특히 유럽의 경우 육지에
는 태양광발전을, 해상에는 풍력발전을 대규모로 설치하면서 재생
에너지 비중을 늘리고 있습니다. 그런데 기후 운동가의 대표라 할
만한 그레타 툰베리가 풍력발전 건설을 반대한다니, 의아할 수밖에
없었지요.

이 이야기는 지난 2021년으로 거슬러 올라갑니다. 그해 노르웨이
의 토착민인 사미족은 자신들의 지역에 풍력발전 터빈을 건설한 기
업을 상대로 제기한 소송에서 승리했습니다. 대법원은 풍력발전 기
업이 국제협약에 규정된 원주민의 권리를 침해했다고 판단하고, 기
업의 풍력발전 면허와 정부의 토지수용 결정이 무효라고 판결했습

니다. 그 판결은 기후변화에 대응하는 활동조차 원주민의 삶의 권리보다 우선될 수 없음을 의미합니다.

풍력발전소 건설은 그 지역에서 순록을 키우며 생활하는 사미족에게 큰 위협이었습니다. 54.7m나 되는 풍력 터빈이 회전하며 발생시키는 윙윙 소리 때문에, 순록은 이동하기가 힘들어졌고 먹이 활동에도 어려움을 겪었습니다. 본능적으로 경계심이 많은 초식동물 순록에게 발전기의 터빈에서 발생하는 소음은 생존을 방해하는 요소가 되었습니다.

사미족은 조상 대대로 순록을 키우며 살아왔습니다. 그 순록에서 우유와 고기, 가죽을 얻고, 순록 썰매를 타기도 합니다. 그들에게 순록 없는 삶이란 상상할 수조차 없는 것이지요. 석탄으로 만든 전기를 쓰지도 않고, 자동차를 타지도 않는 사미족의 터전에 풍력발전기 건설 붐이 일었습니다. 사람은 적고 바람은 센 곳이기 때문이었습니다. 굉장히 불평등한 일이었지요. 노르웨이 대법원의 판결은 기후위기 대응이 아무리 시급해도, 그 과정에서 특정 집단의 피해를 강요해서는 안 된다는 의미를 담고 있습니다. 재생에너지를 늘리는 일에만 집중할 것이 아니라, 생태적 공동체를 유지하고 있는 원주민들과의 공존도 중요합니다.

대법원의 판결 결과에 따라, 풍력발전기의 가동을 멈추고 원주민 공동체의 삶을 지키기 위한 대안이 마련되리라 예상했습니다. 하지만 사미족이 사는 곳의 151개 풍력발전소는 여전히 가동되고 있습니다. 십 대를 주축으로 한 환경운동가들이 노르웨이 수도 오슬로의 정부 청사 입구를 막은 채, 풍력발전 터빈 151개의 철거를 요구하는 시위를 벌인 것도 그 때문입니다. 이 시위로 노르웨이 에너지부 장관은 외국 방문을 취소하기도 했습니다. 그레타 툰베리도 그 시위에 동참하여 청사 출입구를 점거하다가 경찰에게 연행된 것입니다.

미래의 인류는 전기를 먹고 살 수 있을까?

날이 갈수록 기후위기가 심각해지면서, 재생에너지 산업은 어마어마한 속도로 성장하고 있습니다. 2010년과 비교했을 때 태양광발전의 설치 용량은 무려 40배 이상이 늘어났고, 풍력발전의 설치 용량 또한 5배 이상 증가했습니다.

무엇보다, 특별한 연료 없이 바람만 있으면 전기를 만들 수 있고 온실가스도 거의 배출하지 않는 풍력발전은 기후위기 시대에 매우 각광받는 에너지원입니다. 육상풍력이 중심이던 과거와는 달리, 지금은 바다에 띄우는 부유식 터빈 기술이 발달하면서 먼바다에도 풍력발전을 설치할 수 있습니다. 게다가 점점 그 규모가 커지고 효율도 높아져서, 이전보다 더 많은 양의 전기를 생산할 수 있습니다. 대표적인 재생에너지 국가인 노르웨이도 지난 10년간 풍력발전이 10배나 늘었습니다.

하지만 풍력발전에 반대하는 목소리도 높습니다. 건설 과정에서 산림이나 해양 생태계를 훼손하는 문제가 발생하고, 소음과 진동 등으로 인근 동식물의 생존에 영향을 미치기 때문입니다. 전남 여수의 해상풍력 건설 계획에 그곳 어민들은 어업 공간에 피해가 있을 것을 우려하여 반대 시위를 벌였고, 제주 해상풍력 계획에는 돌고래의 이동에 영향을 끼칠 것을 우려한 시민단체가 반대 시위를 하기도 했습니다.

태양광발전도 비슷합니다. 대규모의 태양광 시설이 주로 농촌에 건설되는 탓에 농지를 파괴하고 농민의 생존을 위협하기도 합니다. 먹거리를 생산하던 농지가 전기를 만드는 발전소로 바뀌면, 농지는 줄고 먹거리 생산량도 감소할 수밖에 없습니다. 기후변화로 이상기후가 빈번해지는 지금, 농촌은 더욱 힘들어지고 있습니다. 일 년 내내 정성을 다해도 태풍 한 번에, 폭우나 한파에, 갈수록 잦아지는 이상기후 현상에 농사를 망치기 일쑤입니다. 이런 와중에 농지마저 태양광으로 덮이면, 우리의 먹거리를 지키는 일이 어려워집니다.

그래서 농민들의 생존을 보장하고 농업을 보호하는 정책이 필요합니다. 곡물 자급률이 20% 수준에 불과한 우리나라에서 식량 안보를 위해 농지를 지키는 것도 매우 중요한 일이지요. 그래서 최근에는 영농형 태양광 설치를 시도하는 사례가 늘고 있습니다. 농사를 짓는 땅에 태양광을 함께 설치해서, 농지를 보존하면서도 농민의 추가 소득을 꾀하는 것입니다. 다른 지역 사람들이나 기업이 아니라, 농민 스스로 자신의 농지에 태양광을 설치하고 수익을 얻습니다.

농민들은 말합니다. 도시에서 소비하는 전기는 도시에서, 산업에서 사용하는 전기는 공장에서 생산할 수 있도록 하자고요. 태양광 설비를 도시의 건물이나 옥상, 주차장, 도로변이나 공장 지붕에도 설치해서, 필요한 전기의 일부를 자급하여 사용할 수 있도록 해야 한다고요. 그런 노력 없이, 무조건 농민들에게서 농지를 빼앗아 태양광을 설치하는 것은 정의롭지 않은 방식이라고 말입니다. 툰베리는 말합니다. "원주민의 권리는 기후 행동과 동반돼야 합니다. 일부 사람들의 희생으로 기후 행동은 일어날 수 없습니다. 그렇다면 그것은 기후 정의가 아닙니다."

사실 태양광이나 풍력발전처럼 에너지 전환에 꼭 필요한 발전소라고 해도, 규모가 무한정 커지고 그 수마저 계속 증가하면 생태계에는 흔적을 남길 수밖에 없습니다. 인류가 에너지를 사용하는 한 그 흔적을 '0'으로 만들기는 쉽지 않습니다. 하지만 최대한 인류가 생태계에 미치는 영향을 줄이려는 노력은 가능합니다.

꼭 필요한 만큼만 생산하며, 낭비하지 않고 사용하는 것. 전기에너지에도 필요한 원칙입니다. 녹색 에너지가 진정한 '녹색'이 되기 위해서는 에너지원을 선택하는 일도 중요합니다. 하지만 그에 앞서

풍력발전 단지 모습

생태계의 한계를 인정하고, 생산과 소비를 줄여나가는 노력이 필요합니다. 생태계와 더불어 살아가겠다는 결심이 그 시작을 열어줄 것입니다.

5

태양과 바람은
모두의 것이다

버스에서 내리자, 마중 나와 있는 밝은 표정의 냉바리가 보였습니다. '냉바리'는 제주 말로 결혼한 여성을 의미합니다. 우리가 도착한 성읍민속마을은 제주의 전통적인 가옥 형태를 유지하고 살아가는 유서 깊은 곳입니다. 전통가옥을 직접 볼 수도 있고, 제주의 전통 생활방식에 대해 해설도 들을 수 있는 곳이지요. 그 마을에서는 실제로 전통가옥이나 민요 체험, 오메기떡을 만들고 고소리술을 빚는 체험도 가능합니다. 고사리와 취나물과 같은 농산물이나 지역 특산품 등을 판매하기도 하고요.

냉바리의 해설에 따르면, 체험 프로그램이나 판매 수익금은 모두 마을 공동체에서 관리한다고 합니다. 마을 안내를 맡은 해설사들도 마을에서 당번을 정해 운영한다고 하니, 전통을 지키려는 공동체의 노력을 엿볼 수 있습니다.

태양광이 연금을 준다고?

"카톡!" 휴대전화 알림이 울려서 확인해 보니, 얼마 전 펀딩에 참여한 태양광협동조합에서 이익 배당금을 넣어주었다는 소식이었습니다. 많은 금액은 아니지만, 햇빛에 투자한 성과가 내게 전해진다는 사실에 무척 뿌듯했습니다. 시민들의 조직인 태양광협동조합에서는 보통 한 해 5%쯤을 배당금으로 받습니다. 100만 원을 출자하면 1년에 5만 원 정도를 수익으로 받는 것이지요. 태양광으로 전기를 생산하면 화석연료로 같은 양의 전기를 생산할 때보다 탄소 배출량이 현저히 적습니다. 기후위기에 대응도 하고 은행 이자보다 많은 돈을 벌게 되니 일석이조인 셈입니다. 그 금액을 그대로 다른 곳에 기부하면 일석삼조니, 기분은 더 좋아집니다.

배당금은 기업이 창출한 이익을 기업의 소유주나 투자자에게 배분하는 돈입니다. 요즘엔 이렇게 햇빛 배당금을 받는 사람들이 늘어나고 있습니다. 경남의 창원시민에너지협동조합은 창원시 소유의 공공건물에 태양광 발전시설을 설치했습니다. 공사비는 조합원들의 출자금과 펀딩, 은행 대출로 충당했지요. 그곳에서 생산한 전기를 한전에 공급하여 수익을 남기고 조합원들에게 배당금을 줄 수 있었습니다.

전북 익산시의 한 마을에서는 태양광 시설에서 나온 수익금으로 지역의 노인들에게 연금을 지급하기도 합니다. 전남 영광에서는 백수풍력 사업자가 기업의 이익 공유금을 활용해 백수읍 주민들과 함께 주민 태양광발전소를 건설·운영하면서, 그 수익을 주민들과 공유하고 있습니다. 이웃 마을까지 확장된 주민 태양광발전소는 인근 1,030세대에 연 8억 원 이상의 수익을 제공합니다.

배당금으로 이익을 공유하는 대표적인 지역은 전남 신안군입니다. 신안군은 2018년 신재생에너지 개발이익 공유 관련 조례를 제정했습니다. 신재생에너지 발전사업을 할 때 신안군과 주민이 적극 참여하고, 개발이익은 주민과 공유하도록 하는 법입니다. 주민들은 협동조합 형태로 참여했습니다.

그 후 신안군은 지도, 자라도, 사옥도 등의 섬에 설치된 태양광발전에서 발생하는 수익을 주민들에게 배당했습니다. 바로 '햇빛연금'입니다. 투자한 금액에 따라 다르지만, 연간 지급액은 주민 한 명당 적게는 48만 원에서 많게는 144만 원에 이릅니다. 전국 최초로 재생에너지 이익 공유제를 시행한 신안군에서는 전체 주민의 약 30%가 햇빛연금을 받고 있습니다. 신안군은 태양광뿐만 아니라 해상풍력까지 확대하여, 햇빛과 바람 연금을 이어갈 계획입니다.

바람 많은 제주, 바람은 누구 것일까?

재생에너지의 이익을 공유하는 개념은 사실 제주에서 처음 논의되었습니다. 바람 많은 제주에 풍력발전기 건설 바람이 분 것은 1990년대 후반의 일입니다. 민간 기업이 진행하는 풍력발전 사업에 대해, 지역 주민들은 생태계 파괴와 어업 피해, 소음 피해 등을 우려해 반대에 나섰습니다. 제주의 바람을 이용해 기업은 돈을 벌지만, 제주 생태계와 주민들은 피해를 볼 뿐이라는 분명한 사실은 갈등을 더욱 심화시켰습니다.

제주시는 2012년 제주에너지공사를 설립하고 풍력자원 공유화 기금 조례를 만들면서, 풍력발전소 건설에 대한 주민 수용성을 높이기 위해 노력했습니다. 제주시와 풍력발전 사업자 사이에 '개발이익 공유화' 약정서를 체결하고, 발전 사업자의 개발이익 일부를 기부받는 방식을 도입했습니다. 그렇게 조성된 공유화 기금은 이후 가정마다 미니 태양광을 설치할 때 지원금으로 사용되었습니다. 제주도민 모두의 자원인 바람을 이용해 이익을 얻고, 그 이익을 지역의 에너지 자립과 에너지 복지에 사용하기 시작한 것이지요.

기후변화의 최전선인 제주도는 고산지대와 해양 생태계에서 기후변화로 인한 영향이 다른 지역보다 빨리 나타났습니다. 그래서 중앙정부가 2050 탄소중립을 선언하기 이전인 2008년에는 '탄소 없는 섬 제주' 정책을 선언하게 되었습니다. 그 가운데 재생에너지 이익 공유의 흐름은 '100% 재생에너지 목표'를 기반으로 한 탄소 없는 섬 제주를 만드는 데 적극 반영되었지요. 재생에너지의 이익을 공유하면서, 지역의 재생에너지 수용성이 높아졌을뿐더러 재생에너지 확대로 이어질 수 있었던 것입니다. 최근 제주시는 풍력발전을 중심으로 전개되던 이익 공유제를 대규모 태양광발전까지 확대하기로 했습니다.

제주도의 바람은 워낙에 그 누구의 것도 아니었습니다. 제주는 바람이 많기로 유명한 곳입니다. 바람은 집을 짓는 방식이나 농사짓는 방법에도 영향을 주었고, 그 외 여러 사회적·문화적으로 영향을 미쳤습니다. 예로부터 제주의 바람은 지역 주민들의 생활과 밀접하게 관련된 요소입니다. 그런데 풍력발전 사업자는 바람의 가치를 무상으로 이용하여 이윤을 얻고자 했습니다. 지역 주민은 그 방식이 부당하다고 여겼고, 자신들의 권리를 주장했습니다. 사업자의 이익을 위한 개발이 아니라, 기후위기에 대응하고 지역 주민들의 삶을 바꾸는 전환이야말로 정의로운 방식이라고 생각한 것이지요.

태양과 바람은 모두에게 공평하다

서울 광화문 앞에 커다란 풍력발전기가 등장했습니다. 기둥에는 "민주주의", "주민 참여" 등의 단어가, 날개에는 "농어촌 파괴", "민영화" 등의 글이 붙어 있었습니다. 그 풍력발전기를 만든 시민사회 단체 활동가들과 석탄발전 노동자들이 날개에 붙은 글들을 떼어내자, 그 자리에는 "주민 주권", "공유", "공공"이라는 글이 나타났습니다. 사람들은 함께 외쳤습니다. "태양과 바람은 모두의 것이다. 공공 재생에너지를 확대하라!"

공공 재생에너지란 국가가 재생에너지 전환에 대규모로 투자하고, 공기업인 발전 회사들이 지자체 및 사회적경제 조직과 협력하여 발전소를 공적으로 소유하고 운영하는 것을 의미합니다. 그동안 우리나라 발전 공기업은 석탄과 가스발전이나 핵발전을 중심으로 전력을 생산하면서, 재생에너지에 대한 투자는 매우 저조했습니다. 최근에는 정부 지원과 예산까지 줄어들면서, 발전 공기업들의 재생에너지 계획마저 후퇴하고 있습니다. 이렇다 보니, 그동안의 재생에너지 발전사업은 대부분 민간 기업이 추진해 왔습니다. 2023년을 기준으로, 우리나라 전체 재생에너지 설비의 90%를 민간 기업이 소유하고 있습니다.

민간 기업의 가장 큰 목적은 돈을 버는 것입니다. 즉 이윤을 중심

공공 재생에너지 확대를 위한 시위

으로 움직이는 것이지요. 발전소를 건설할 때, 주변 생태계를 보전하거나 주민 건강을 고려하는 등의 노력을 적극적으로 기울이지 않을 수 있습니다. 가급적 신속하게 큰 규모로 건설하여 최대한 많은 이윤을 남기고자 하고, 이윤이 나지 않으면 전력의 생산과 공급을 유지하기도 어렵습니다. 또 되도록 비싼 가격에 전기를 팔아 이윤을 많이 남기려고 하지요. 누구나 삶에 꼭 필요한 에너지를 사용할 수

있도록 보장하려면, '이윤'에만 매몰된 사업이 아니라 에너지 기본
권을 지키는 공공의 정책이 함께 맞물려야 합니다.

따라서 재생에너지를 가장 빠르고 정의롭게 확대하기 위해서는
정부와 지자체, 공기업 등 '공공' 영역의 역할이 매우 중요합니다. 또
에너지의 생산, 분배, 운영의 전 과정에 주민들이 직접 참여해서, 모
두에게 이로운 에너지를 만드는 '공공성'도 필요합니다. 생태계 파
괴를 최소화하고, 주민들과 상생하며, 모두가 필수 에너지를 사용할
수 있도록 보장하는 것이 에너지 전환의 방향입니다.

어디나, 누구에게나, 태양이 비추고 바람이 붑니다. 그들을 자원으
로 활용해 전기에너지를 만들고 분배하는 일은 태양과 바람만큼이
나 정의로워야 합니다. 기업의 이윤을 위해 '상품'으로만 전락시킬
것이 아니라, 다 함께 태양과 바람의 가치를 누릴 수 있어야 합니다.

6

인류는 플라스틱과
이별할 수 있을까?

지난 6월 말, 해양생물학자인 헤일리 하드스태프는 영국 남서부에 있는 콘월의 포트링클 해변을 산책하다가 '용'을 발견했다. 검은색 플라스틱 레고 조각이었다. (…) 콘월에서 자란 그는 어릴 때부터 해변에서 레고 조각을 발견하곤 했다. 어릴 땐 신기했다. 왜 이렇게 많은 아이들이 장난감을 두고 가는지. 비밀은 27년 전으로 거슬러 올라간다. 1997년 2월 13일, 영국 남서쪽 끝자락인 랜드스 엔드 32km쯤의 앞바다에서 화물선 도쿄 익스프레스가 거대한 파도에 휩쓸렸다. (…) 제자리를 찾았지만 화물 컨테이너 62개가 바닷속으로 사라진 뒤였다. 사라진 컨테이너 한 대에는 약 480만 개의 레고 조각이 있었다. 그중 용 조각은 3만 3,427개였다. 하드스태프가 발견한 용은 27년 만에 돌아온 3만 3,427개 중 하나였다. 장난감과 관련해서 가장 큰 환경 재앙으로 꼽히는 이 사건은 '대규모 레고 유출 사건'으로 불린다. ('재앙이다… 바다가 27년째 땅으로 뱉어낸 용··문어 레고의 경고', 「한겨레」, 2024년 9월 16일)

배달 떡볶이 한 그릇에 담긴 생각

화가 나서 수세미를 던지고 싶었습니다. 설거지하는 데 이렇게 시간이 오래 걸릴 줄이야. 바로 직전까지 떡볶이 한 그릇을 정말 맛있게 먹은 참이었습니다. 사람 마음이 참 간사해서, 맛있게 먹은 건 금세 잊고 배달 그릇을 닦으며 바로 후회를 합니다. 올록볼록한 모양의 그릇이라 수세미를 세워서 틈새의 사이사이를 닦아내야만 하는 상황에 화가 치밉니다. 나 몰라라 하고 그냥 뚜껑만 덮어서 분리배출함에 넣을까도 생각했습니다.

그런데 얼마 전 기후위기 비상행동의 기자회견에서 만난 구로자원순환센터 선별 노동자의 말이 떠올랐습니다. "제 일터에는 하루 40톤의 재활용품이 들어옵니다. 매일 드나드는 수십 대의 대형 차량과 작업장의 중장비 매연, 인화성 유해가스, 쏟아지는 폐기물들의 분진, 썩고 부패한 음식물 쓰레기, 심지어 동물 사체들 속에서 우리는 재활용이 될 만한 것을 선별 분류합니다. 센터의 지상은 푸르른 나무들과 꽃들이 만발한 아름다운 공원이지만, 작업장은 그 지하 깊숙한 땅굴 속입니다. 자원순환센터라는 말이 무색한, 실상은 쓰레기장입니다. 작업이 종료될 즈음에는 방진 마스크도 먼지와 이물질로 뒤범벅이 되고, 콧속 또한 늘 분진으로 가득 차 있습니다. 입과 코 주변의 검댕은 땀에도 씻겨나가지 않고 잔뜩 묻어 나옵니다."

갈래갈래 참 많은 생각이 들었습니다. 맨 먼저 떠오른 것은 배달 시키지 말고 외출해서 먹을 걸 하는 후회였습니다. 귀찮다는 이유로 배달을 선택한 탓에 결국 설거지의 굴레에 빠져버린 것이지요. 내 탓이려니 했습니다.

그다음으로 떠오른 것은 업소에서 다회용기로 배달해 주면 얼마나 좋을까 하는 아쉬움이었습니다. 일회용 플라스틱을 사용하면서 늘 생각하는 것이기도 합니다. 용기를 씻은 후 버리는 일도 생각보다 번거롭고, 재활용 분리배출함에 가득 찬 플라스틱을 볼 때면 불편한 마음이 들곤 했지요. 게다가 일회용품이라고는 하나 뜨거운 국물을 담을 수 있을 만큼 견고해야 하니, 용기의 벽면을 올록볼록한 형태로 만들게 됩니다. 결국 씻어서 버리기에 매우 힘든 모양이 되는 것입니다. 그 사이사이를 깨끗하게 씻은 후 용기를 버리는 사람이 얼마나 될까요? 음식물이 잔뜩 묻은 채 버려진 '재활용품'은 결국 재활용되지 못하고 다시 쓰레기가 된다고 하니, 답답하기도 합니다.

마지막으로 떠올린 것은 선별 노동자의 고된 노동이었습니다. 기후위기 시대에 더욱이 강조되는 분리배출과 재활용. 그 일이 가능하려면 자원순환센터의 선별 노동은 꼭 필요한 노동 가운데 하나입니다. 우리가 아무리 분리배출을 잘 한다고 해도 완벽할 수는 없을 테니까요. 그러나 그들의 노동은 열악하고 위험한 환경에 노출되어 있습니다. 그 현실에 마음이 아팠습니다. 떡볶이 한 그릇 속에 바뀌어야 할 것이 참 많습니다.

플라스틱의 편리함, 재앙으로 되돌아오다

1만 달러. 상아를 대체할 당구공의 재료를 찾는 데 걸린 상금입니다. 알록달록 예쁘게 생긴 당구공은 원래 코끼리 상아로 만들었습니다. 상아 하나로 최대 8개의 당구공을 만들 수 있었지요. 당구를 치는 사람들이 늘어나면서 수많은 코끼리가 희생되었습니다. 그래서 만든 것이 셀룰로이드로, 지금도 탁구공에 쓰이고 있는 플라스틱의 원조입니다. 거기에 다른 화학성분을 결합하여 만든 것이 베이클라이트라는 최초의 인공소재 플라스틱입니다.

전 세계는 가볍고, 튼튼하고, 열이 통하지 않고, 여러 형태로 가공할 수 있고, 썩지도 않는 플라스틱에 열광하게 됩니다. 플라스틱은 우리 생활 곳곳에서 유용하게 사용되기 시작했지요. 전화기, 선풍기, 그릇 등은 물론이고 가는 실 형태의 나일론, 뻥튀기처럼 부풀린 스티로폼, 얇게 만든 비닐봉지, 투명하게 만든 폴리카보네이트 안경, 콜라병이나 생수병 등의 페트병, 장난감, 가구 등 플라스틱은 일상생활 속 어디에서나 찾아볼 수 있습니다. 오늘날을 플라스틱 문명이라 부를 만큼, 우리는 어마어마한 양의 플라스틱을 생산하며 소비합니다.

그처럼 편리하고 유용하게 쓰인 플라스틱이 이제 재앙으로 다가오고 있습니다. 썩지 않고 땅속에 쌓인 플라스틱은 인류의 흔적으로 고스란히 남아 '인류세' 논의의 증거가 되었습니다. 지층의 특성에 따라 지질 시대를 나누는데, 일부 지질학자들은 18세기 산업혁명 이후 인간의 영향이 뚜렷한 시기를 인류세라고 부르기로 했습니다. 인류세의 지질학적 특성에서 대표적인 것이 자연에는 없는 새로운 화학물질, 플라스틱 화석입니다. 석유를 원료로 하지만, 석유가 아닌 인공물질들이지요.

플라스틱 오염은 전 세계적으로 심각한 문제로 떠오르고 있습니다. 미국의 과학자들은 인류가 지금까지 생산한 플라스틱이 무려 83억 톤이나 된다고 추정했습니다. 코끼리 10억 마리, 미국 엠파이어 스테이트 빌딩 2만 5,000개의 무게와 같습니다. 문제는 그 양이 계속 증가하리라 예상된다는 것입니다. 사용량이 늘어나면 폐기량도 함께 증가하는데, 특히 일회용 플라스틱의 증가는 폐기물 발생량을 더 급격히 늘리는 요인이 됩니다. 미생물에 분해되는 자연물과는 달리 인공화합물인 플라스틱은 썩지 않기 때문입니다.

전 세계 바다에 떠다니는 쓰레기의 90%는 플라스틱입니다. 오늘날 해양의 거의 모든 생물종은 플라스틱 오염의 영향을 받고 있습니다. 플라스틱을 섭취하거나 플라스틱 그물에 걸리는 등 안타까운 일이 발생하기도 하고, 미세플라스틱으로 인한 생태계 교란 문제 또한 매우 심각합니다. 미세플라스틱은 해양생물뿐 아니라 인류의 생명에도 적지 않은 영향을 끼칩니다.

태평양 한가운데 있는 몰디브에는 바다를 통해 매일 330톤이 넘는 쓰레기가 유입됩니다. 쓰레기를 처리하기 위해 몰디브 정부는 틸라푸쉬섬을 매립지로 만들었지요. 그러나 대부분의 쓰레기가 썩지 않는 플라스틱이어서, 하루에 $1m^2$씩 섬의 면적이 늘어날 정도입니다. 틸라푸쉬섬은 늘 일회용 플라스틱과 그 플라스틱을 처리하는 유독가스로 가득 차 있습니다.

인류는 플라스틱 생산을 멈출 수 있을까?

플라스틱의 원료는 석유입니다. 석유를 가공하기 때문에, 플라스틱을 생산, 소비, 폐기하는 전 과정에서 온실가스가 배출되지요. 특히 원료를 정제하고 제조하는 과정에서, 플라스틱 산업이 배출하는 온실가스의 90%가 생성됩니다. 플라스틱 산업에서 배출하는 온실가스는 매년 석탄화력발전소 189기가 배출하는 온실가스의 양과 맞먹을 정도로 많습니다. 플라스틱 사용량이 늘어나면 온실가스 배출량도 증가할 것입니다. 특히 우리나라는 세계 4위의 플라스틱 수출국으로, 석유화학 산업의 온실가스 배출량이 전체 배출량에서 높

플라스틱 오염 종식을 촉구하는 사람들

은 비중을 차지합니다.

유엔은 플라스틱 오염과 온실가스 배출을 감축하기 위해, 플라스틱을 줄이는 협약을 마련하기로 했습니다. '국제 플라스틱 협약 회의'는 미세플라스틱을 포함한 모든 플라스틱 오염의 규제 및 저감뿐 아니라, 전 지구적 플라스틱 오염 종식을 목표로 합니다. 따라서 플라스틱 폐기물 관리 방법 개선, 자원 효율성 향상을 통한 순환경제 실현, 지속가능한 플라스틱 생산 및 소비 달성 등 플라스틱 산업의 모든 측면을 다룹니다. 플라스틱 원료와 제품의 재사용, 재생산, 재활용을 위한 지속가능한 제품 디자인을 구현하고, 폐기물 최소화를 위한 일회용 플라스틱 저감 대책을 강화하는 내용도 포함하고 있지요. 이를 위해 첫 번째 회의에서는 플라스틱에 대한 강력한 규제를 요구하는 국가들로부터 플라스틱 생산 감축의 필요성에 대해 듣고, 플라스틱 산업으로 인한 피해 주민들의 발언을 청취하기도 했습니다.

하지만 그 과정이 쉽지만은 않습니다. 첫 회의부터 산유국 등 일부 정부 대표들은 협상을 지연시키는 모습을 보였습니다. 지금도 석유화학 산업 및 화석연료 기업들은 자신들의 목소리를 내기 위해 적극적인 로비를 벌이고 있습니다. 전 세계 약 99%의 플라스틱이 석유로 생산되기 때문에, 석유 기업은 플라스틱 제조 산업을 유지해야 합니다. 2024년 11월, 전 세계는 플라스틱으로 인한 오염에 대응하고 플라스틱 생산 감축을 논의하기 위해 부산에 모였지만, 결국 생산 감축에 합의하지 못했습니다.

지금까지 플라스틱 산업은 인간의 건강이나 생태계에 미치는 영향을 고려하기보다, 생산 단가를 낮추고 더 많이 생산해 판매하는 것을 목적으로 했습니다. 하지만 기후 위기 시대에서 그런 시스템이 유지된다면, 우리는 플라스틱으로 인한 재앙을 겪게 될지도 모릅니다.

플라스틱이 없는 삶을 상상하기란 쉽지 않습니다. 그래도 플라스틱 생산을 줄이고 순환하는 시스템을 만드는 일은 국제사회와 정부, 기업, 그리고 우리의 노력으로 가능합니다. 기후위기에 대처하고 생태계와 우리의 건강을 지키기 위해, 플라스틱 생산을 규제하는 협약을 만드는 데 우리도 함께 목소리를 내어봅시다.

4부

어떻게 에너지를 전환할까

1

'수리할 권리'가
고릴라를 살린다?

한창 아이들과 캠핑을 즐길 때 반드시 챙기던 준비물이 있습니다. 일명 맥가이버 칼. 칼이나 가위, 톱, 드라이버와 송곳, 따개 등등 다양한 공구가 한 손에 쥘 만한 크기에 모두 들어 있어서 매우 유용하지요. 원래 이 도구의 이름은 맥가이버 칼이 아닙니다. 1980년대 미국 드라마 「맥가이버」의 주인공인 맥가이버가 자주 사용했기 때문에 그렇게 불리게 되었지요.

「맥가이버」는 저도 어릴 때 빼놓지 않고 보았던 인기 드라마입니다. 첩보원 맥가이버는 별다른 무기 없이 온갖 과학적 지식과 맥가이버 칼을 이용해, 갇힌 곳에서 탈출하기도 하고 범인을 잡기도 하는 등 눈부신 활약을 펼쳤습니다. 그 모습이 무척이나 이색적이고 멋져 보였지요. 지금도 뭐든 잘 만들거나 고치는 사람에게 '맥가이버 OOO'라는 수식어가 붙기도 하고 그 드라마 덕에 물리학도를 꿈꾸는 친구들도 많아졌다고 하니, 「맥가이버」의 인기를 실감할 수 있겠지요?

왜 고치는 게 새로 사는 것보다 비싼가요?

"엄마, 휴대전화 좀 바꿔주면 안 돼요?" 오늘도 새 휴대전화기를 사달라는 아들의 조르기가 시작되었습니다. 처음엔 최신 기종에 대한 욕심이려니 했는데, 시간이 지날수록 다른 이유가 붙기 시작했습니다. 배터리가 빨리 닳는다는 것이었지요. 구입한 지 몇 년이 지난 휴대전화기는 아침에 완전히 충전을 해놓아도 점심때가 되면 방전되기 일쑤입니다. 그래서 보조 배터리를 필수로 가지고 다녀야 하지요.

같은 경험이 있기에 그 불편함을 모르지 않습니다. 사실 저도 오래된 휴대전화기를 바꾼 이유가 배터리 때문이었거든요. 다른 부분은 멀쩡해서 배터리만 교환하려고 했는데, 다들 하나같이 이렇게 말하더군요. "배터리를 교환하느니 그냥 새로 사. 비용도 거기서 거기야." 정말 그랬습니다. 배터리를 교체하는 것보다, 이것저것 요금 지원을 받아서 새로운 기기를 장만하는 편이 훨씬 효율적이었습니다. 그래서 냉큼 최신 모델로 바꾼 것이지요. 그러니 휴대전화기를 새로 사달라고 조르는 아들에게 넘어갈 날도 머지않았습니다.

올여름에는 선풍기를 새로 사들였습니다. 3년 전쯤에 구입한 선풍기를 올여름 분해해서 청소한 후 다시 날개를 끼웠는데, 작동이 영 시원찮은 거예요. 뭘 잘못 끼웠나 싶어 다시 해봐도 문제는 해결되지 않았습니다. 별수 없이 선풍기를 들고 서비스 센터에 갔지요.

그곳 직원이 거의 새것을 사는 만큼 수리비가 든다고 말하면서, 새로 살 것인지 아니면 고칠 것인지 제 의향을 물어보더군요. 잠깐 고민하다가 그냥 그보다 저렴한 것을 하나 사기로 결정했지요.

이런 일도 있었습니다. 여름휴가를 다녀온 후 짐을 정리하다가 여행가방 바퀴에 금이 간 것을 발견했습니다. 좀 오래된 가방이긴 하지만 사용에는 아무 문제가 없기도 했고, 또 손잡이를 교환한 지도 얼마 되지 않았던 터라 바퀴만 수리하기로 마음먹었습니다. 그러나 서비스 센터에 갔다가 실망만 하고 돌아왔습니다. 바퀴 부품이 없다는 말을 들었거든요. 여행가방이 출시된 지 오래되어서, 똑같은 바퀴는 이제 생산하지 않는다는 것이었지요. 결국 그 여행가방은 수리하지도 못한 채 보관하고 있습니다. 하지만 다음 여행에도 사용할지, 여행 중에 괜한 고생을 할 수 있으니 버리고 새로 구입할지 고민 중입니다.

아마도 많은 사람이 비슷한 경험을 해보았을 겁니다. 망가진 물건을 고쳐 써보려고 했는데, 비용면에서 수리하기보다 새로 사는 게 낫거나 부품이 없는 탓에 갈등한 적이 있겠지요. 생각해 보면, 고장 난 물건을 고쳐서 사용하는 것은 아주 당연한 일인데 말입니다.

과거에는 동네마다 만물상 같은 수리점이 있었습니다. 고장 난 텔레비전이나 선풍기 등은 직접 가져가서 고치고, 냉장고나 세탁기처럼 큰 것은 기사가 직접 방문하여 고쳐주었습니다. 간단한 부품을 교체하는 일도 가능했습니다. 그런데 어느 순간 수리점이 동네에서 거의 사라졌습니다. 그리고 전문 서비스 센터가 생겨났지요. 고장 수리는 그 물건을 판매한 기업의 서비스 센터에서만 할 수 있게 되었고, 그곳에서 책정한 수리비를 내거나 생산한 부품을 사용하는 것이 당연한 일이 되어버렸습니다.

휴대전화기를 바꾸면 고릴라가 아프다?

무인도에 가게 되었는데, 딱 한 가지만 가져갈 수 있다면? 생일 선물로 가장 받고 싶은 것은? 생을 마감하는 순간 무덤에 갖고 가고 싶은 것은? 이 질문에 사람들이 공통으로 대답한 것은 휴대전화기였습니다. 하지만 휴대전화기를 싫어하는 동물이 있는데요, 바로 고릴라입니다. 아프리카 콩고민주공화국에 많이 사는 고릴라는 이 휴대전화기 때문에 서식지를 잃고 멸종위기에 놓였습니다. 휴대전화기 부품에 들어가는 '콜탄'이라는 금속 때문입니다.

콜탄을 찾아 고릴라 서식지로 들어간 사람들은 숲 생태계를 파괴하고 야생동물을 마구잡이로 사냥했습니다. 고릴라는 사람들에게 죽임을 당하거나 서식지를 떠나야 했지요. 국제적 비정부기구인 야생동물보존협회(WCS)는 콩고에 서식하는 그라우에이 고릴라가

1995년에는 1만 7,000마리였으나 2016년에는 3,800마리로 77%나 줄었다고 발표했습니다.

콜탄이라는 광물이 가장 많은 나라는 콩고민주공화국으로, 전 세계 콜탄의 70~80%가 매장되어 있습니다. 콜탄을 분리·추출하여 탄탈럼이라는 금속을 얻게 되는데, 이 금속은 휴대전화기뿐 아니라 노트북과 제트엔진 등의 제품과 다양한 첨단 산업 분야에 널리 사용됩니다. 관련 산업이 발달하면서 최근 콜탄 수요가 급증했고, 그 가격이 폭등하면서 너도나도 채굴에 나서고 있습니다. 스마트폰 한 대에 0.02g의 탄탈럼이 들어가는데, 이를 위해 2017년 콩고민주공화국에서만 콜탄 760톤이 채굴되었습니다. 2006년 1kg에 70달러였던 콜탄은 2017년 약 220달러로 3배 넘게 가격이 올랐습니다.

오랜 내전을 겪은 콩고민주공화국에서는 콜탄이 전쟁을 뒷받침하는 돈줄이었습니다. 정부는 이웃 국가에 콜탄 채굴권을 내준 대가로 군사 지원을 받았고, 반정부군은 콜탄 생산 지역을 거점으로 삼아 콜탄을 자금줄로 사용했습니다. 하지만 콜탄을 채굴하는 주민들에게는 안전 장비나 제대로 된 채굴 도구조차 제공되지 않았습니다. 손으로 흙을 퍼 올려 콜탄을 채취하는 원시적인 노동에 혹사당하기도 하고, 갱도가 붕괴되어 100여 명이 사망하는 사고에 희생되기도 했습니다. 하지만 콜탄을 퍼내던 그 손에, 정작 콜탄으로 만든 휴대전화나 노트북은 주어지지 않았습니다.

21세기의 석유라고 불리는 희토류도 생산 과정에서 주변 지역 생태계를 파괴하고 물을 오염시킵니다. 희토류 1톤을 얻기 위해서는 최대 1,300톤의 광물을 채굴한 후 거기에 산성용액을 부어서 희석하는 과정을 거칩니다. 이 과정에서 유독가스와 유독폐수가 대량으로 발생하게 됩니다. 더구나 희토류는 소듐이라는 방사성 물질도 포함하고 있어서, 그 지역이 방사능 오염에도 노출됩니다. 그처럼 위험한 노동에는 주로 저임금의 아동이나 여성이 대거 투입되고, 그들은 건강과 생명 위험에 더 많이 노출되어 있습니다. 우리의 생활을 편리하게 해주는 전자제품은 이렇게 생태계 파괴와 오염, 생물 멸종, 인권 침해 등의 문제로도 이어집니다.

수리할 권리를 보장한다는 것

우리가 사용하는 전자제품은 날이 갈수록 늘어나고, 버려지는 전자제품도 점점 많아집니다. 매년 10억 대가 넘는 휴대전화기가 만들어지지요. 최근엔 스마트워치처럼 몸에 지니는 전자제품을 사용하는 사람들도 갈수록 늘어나고 있습니다. 그런 물건들은 냉장고나 텔레비전과 같은 전자제품보다 사용기간이 훨씬 짧은 탓에 생산량이 증가하고, 그에 비례해 폐기량도 늘어날 수밖에 없습니다. 2019년

한 해 동안만 에펠탑 5,400개에 달하는 양인 5,400만 톤의 폐기물이 발생했습니다.

미국 정부에서 조사한 결과를 보면, 휴대전화기의 평균 수명은 약 2.8년입니다. 휴대전화기를 교체하는 이유에 대해, 성능 저하와 고장 때문이라고 답한 사람들이 가장 많았고요. 여러분이 사용하는 휴대전화기는 몇 년이나 되었나요? 최근 휴대전화기를 새로 구입한 이유는 무엇이었나요?

얼마 전부터 전자 폐기물을 줄이고 순환경제를 이루기 위해 수리할 권리가 논의되고 있습니다. '수리할 권리'란 말 그대로 우리가 이용하는 물건을 수리할 수 있는 권리를 뜻합니다. 한 제품을 오래 사용하도록 보장하는 시스템 가운데 하나인 것이지요. 제품을 오래 사용할 수 있도록 생산 과정에서 제품의 내구성을 높이고, 물건이 고장 나더라도 언제 어디서나 편리하게 수리할 수 있는 환경을 조성하는 노력입니다. 부품을 쉽게 구입할 수 있는 것은 물론이고, 삼성 텔레비전을 LG 서비스 센터에서도 수리할 수 있고, 수리 매뉴얼이 쉽게 제작되어 집에서도 간단하게 수리할 수 있도록 돕는 일입니다.

또한 수리할 권리는 더 많이 생산해서 팔기 위해 기업들이 암묵적으로 진행했던 계획적 진부화를 막는 일이기도 합니다. '계획적 진부화'는 기업이 일부러 상품의 수명을 짧게 만들어서 소비자에게 새로운 제품을 구입하도록 하고 이윤을 남기는 전략입니다. 대표적 사레로 아이폰이 신기종을 출시할 때마다 소프트웨어를 업데이트해서 기존 기기의 사용을 어렵게 만드는 것, 마우스 오른쪽 버튼의 수명을 의도적으로 단축시켜 제품을 생산하는 것, 엡손이 잉크젯 프린터의 출력 가능 매수를 제한하는 것 등이 있습니다. 생산 기술이 부족해서가 아니라 '일부러' 제품의 기능이 저하되도록 만드는 것이지요.

우리나라는 지난 2023년 '순환경제사회 전환 촉진법'을 제정하여 수리할 권리를 보장하는 내용을 담았습니다. 미국과 유럽연합은 우리보다 먼저 수리권을 보장하고, 제품의 자가 수리 프로그램이 원활히 실행될 수 있도록 법적 기반을 마련했습니다. 수리할 권리는 단순히 제품을 오래 쓰는 데 그치지 않습니다. 물품을 생산하는 과정에는 수많은 자원이 필요합니다. 휴대전화기만 하더라도 수많은 광물과 물, 전기 등이 사용됩니다.

수리할 권리를 통해 제품의 생산을 줄이는 것은 지구의 유한한 자원을 아끼기 위한 노력이자, 물이나 전기와 같은 다른 에너지를 절약하는 실천이기도 합니다. 더불어 휴대전화기 때문에 파괴되는 고릴라의 보금자리를 보전하고 원주민들의 삶을 지키려는 노력이고, 온실가스 배출을 줄여 기후위기에 대응하는 노력이며, 기업이 독점하던 전자제품에 대한 지식을 모두가 공유하여 소비자의 권리를 높이기 위한 노력이기도 합니다.

2

전쟁 덕에 횡재한 기업,
횡재세를 내세요

병원에 미사일이 떨어지고 학교에서 폭탄이 터졌습니다. 뉴스를 다본 후에도, 죽은 아이를 안고 울부짖던 아버지의 얼굴이 아른거립니다. 함께 뉴스를 보던 사람들과 전쟁의 참혹함에 대해 이야기를 나누었습니다. 그 아비규환 속에서 삶을 이어가는 것이 어떤 의미인지 생각하면서 가슴이 너무 아팠습니다. 그리고 궁금했습니다. 전쟁을 일으키는 사람들은 누구인지, 전쟁으로 이익을 얻는 사람들은 누구인지 말입니다.

'907 기후정의행진'에 참여한 팔레스타인 평화 활동가는 이스라엘이 가자 지구 팔레스타인 사람들에게 저지른 만행을 이야기했습니다. 전쟁이 인권, 정의, 성평등, 기후 정의 등 우리가 마주한 모든 중요한 것들과 긴밀히 연관되어 있음을 말했습니다. 전쟁은 삶의 존속에 필요한 모든 것을 파괴합니다. 사람의 목숨을 빼앗을 뿐만 아니라 땅과 공기, 물을 오염시켜 그 터전에서 더이상 살 수 없게 만듭니다.

전쟁이 불러온 에너지 위기

2022년 발발한 러시아-우크라이나 전쟁이 몇 년째 이어지고 있습니다. 두 나라의 전쟁이 장기간 지속되면서, 국제유가 등 원자재 가격이 치솟았습니다. 특히 천연가스의 40% 이상을 러시아에서 수입하던 유럽 국가는 천연가스 공급에 차질이 생기며 에너지 위기에 직면했습니다. 에너지 가격 상승은 전력 생산과 난방, 교통, 제조업 등 다양한 분야에 영향을 미치면서 결국 물가 상승으로 이어졌습니다.

핀란드의 한 전력회사는 전기요금 폭등을 감당하지 못해 파산했고, 독일은 민간 전력 기업을 국유화하기도 했습니다. 난방에 사용되는 전기가 끊기는 탓에 추위에 떠는 사람들이 많아지고, 빈곤층은 먹을 것이 부족해졌습니다. 특히 천연가스 수입 비중이 높았던 독일과 이탈리아는 더 심각한 상황에 직면하면서, 정부의 신속한 대응이 요구되었습니다. 그래서 에너지 절약 정책을 확대하고 수입 경로를 확대하는 동시에 국내 에너지 전환에도 힘썼습니다. 에너지 빈곤층에 대한 지원 정책을 더욱 강화하면서, 전기요금을 일시적으로 내지 못하더라도 전기를 사용할 수 있도록 지원하는 정책도 만들었습니다.

프랑스는 에너지 위기를 극복하기 위한 계획을 발표하고, 15개의 에너지 절감 조치를 시행했습니다. 가정이나 건물에서 난방 온도와 조명을 조절하고 고속도로에서 속도를 제한하는 등의 행동 방안을 제시하며, 적절한 보상을 약속하는 등 절약에 동참할 것을 적극 홍보하기도 했습니다.

체코의 수도 프라하에서는 에너지 가격 상승과 전쟁 지원에 항의하는 시위가 벌어졌습니다. 7만여 명이 모인 이 시위에서 사람들은 러시아를 향한 제재 중단 및 가스 공급에 대한 새로운 합의 도출, 우크라이나에 대한 무기 공급 중지를 요구했습니다. 체코가 중립을 지키고 전쟁을 중단하는 것만이 에너지 위기를 해결하는 방법이기 때문이었지요.

한편 온실가스 감축을 위해 중단했던 석탄발전 가동이 일시적으로 늘어난 것도 에너지 위기의 한 단면을 보여줍니다. 독일과 네덜란드, 오스트리아 등이 탈석탄 기조를 바꾸어 석탄발전소를 일시적으로 다시 운영하기 시작한 것입니다. 러시아가 가스 공급을 중단하자, 가스로 전력을 생산하던 발전소들이 가동을 멈추게 되면서 벌어진 일이지요. 결국 유럽에서 일시적으로 석탄 사용이 증가하고 온실가스 배출량도 증가할 수 있다는 예측이 나왔습니다.

비극으로 돈 번 에너지 기업, 횡재세를 내세요

최근 2~3년 사이, 국내 전력 판매를 책임지는 한전이 엄청난 적자를 기록했습니다. 러시아-우크라이나 전쟁으로 인한 국제 에너지 가격 급등에 영향을 받은 것입니다. 하지만 한전에 전기를 공급하는 SK, GS, 포스코 등의 민간 재벌 기업들은 오히려 떼돈을 벌었습니다. 가스 가격이 올라 전력 생산에 들어가는 비용은 늘었지만, 한전에는 그보다 더 비싼 값에 전력을 판매했기 때문입니다. 덕분에 그 기업들의 영업 이익은 전쟁이 일어나기 전보다 훨씬 늘어났습니다. 반대로 그 기업들로부터 높은 가격에 전력을 구매했으나 전기요금은 올리지 못한 한전은 적자를 내고 말았습니다. 정유 회사들도 엄청난 이익을 보았습니다. 국제유가의 급등으로 미리 사둔 원유의 가치가 높아지고, 전쟁 이후 석유 제품의 정제 이윤도 증가한 결과입니다.

러시아-우크라이나 전쟁이 발발한 다음 해, 국회에서는 횡재세에 대한 논의가 일었습니다. 석유나 가스를 생산 판매하는 에너지 기업들이 에너지를 비싸게 팔아 엄청난 이익을 거두었으니, 그 초과이익을 세금으로 부과하도록 강제하는 법이 발의된 것이지요. '횡재세'는 비정상적으로 유리한 외부 요인 때문에 초과수익을 거둔 기업에 매기는 세금입니다. 유럽에서는 역사가 오래된 개념으로, 1차 세계대전 당시 전쟁이라는 비극적인 상황에서 큰돈을 번 군수업체들에 횡재세를 부과하기도 했습니다.

최근에는 코로나19 위기와 유가 상승 등의 요인으로 큰돈을 번 기업에 횡재세를 부과하자는 논의가 더욱 활발해졌습니다. 팬데믹과 에너지 위기라는 전 세계적인 비극을 맞아, 에너지 기업들이 오히려 막대한 부를 쌓는 것은 정의롭지 못하다는 인식에서 비롯된 것입니다.

전쟁의 타격이 컸던 이탈리아는 초과이익이 많은 에너지 기업에 25%의 횡재세를 부과하기로 했습니다. 영국과 독일, 스페인 등도 횡재세를 도입하고, 그 돈으로 에너지 취약계층을 지원하는 계획을 세웠습니다. 유럽연합은 '연대기여금'을 승인하고, 석유 부문 기업의 초과이익에 33%의 세금을 부과하고 있습니다. 한시적인 제도이긴 하지만, 이 기금은 유럽연합 내 국가의 중소기업과 취약 가구를 지원하고 에너지 전환에 사용하게 됩니다.

기후위기 시대, 필수 에너지를 보장해요

기후위기는 날이 갈수록 심각해지고 폭염과 한파, 이상기후는 점점 더 빈번하게 발생하고 있습니다. 이상기후 탓에, 여름철 냉방과 겨울철 난방에 따른 에너지 소비가 급격히 늘어났습니다. 에어컨 없이 여름을 나거나, 보일러나 전열기구를 쓰지 않고 겨울을 지내기란 이제 거의 불가능한 일이 되었습니다. 그만큼 전력과 난방 에너지는 오늘날 이상기후로 인한 재난에서 우리 삶을 지켜주는 필수적인 요소가 된 것입니다.

우리나라는 에너지법을 통해 "국가, 지방자치단체 및 에너지 공급자는 빈곤층 등 모든 국민에게 에너지가 보편적으로 공급되도록 기여하여야 한다"라며 국가의 의무를 정해놓았습니다. 바꿔 말하면, 돈이 없다는 이유로 에너지를 공급받지 못하는 일이 발생해서는 안 된다는 것입니다. 정부나 지자체가 저소득층을 위한 에너지 복지 정책을 펼치고, 한전이 저소득층이나 일인 가구 등에 전기요금을 지원하는 것도 그런 이유 때문입니다.

지난 2005년, 한 중학생이 촛불을 켜고 잠을 자다가 화재로 목숨을 잃는 사고가 있었습니다. 그전에도 한 장애인 부부가 비슷한 일을 겪었습니다. 모두 요금을 내지 못해 전기가 끊긴 탓에 발생한 일입니다. 그 후 정부는 전기요금을 내지 못해도 바로 전기를 끊는 일이 발생하지 않도록 조치하고 있습니다.

하지만 민간 기업은 다릅니다. 에너지 위기는 오히려 이윤을 남길 기회이자, 일반 소비자에게 전기를 공급하는 한전에 높은 가격으로 전기를 판매할 수 있는 기회가 됩니다. 기업이 그렇게 벌어들이는 돈은 결국 서민들과 공기업의 희생으로 만들어진 것입니다. 전쟁이 불러온 에너지 위기 때나 코로나19 팬데믹 시기에 그랬던 것처럼 말이지요.

에너지 위기가 닥치자, 유럽 국가들은 에너지를 절약하고 조속히 재생에너지로 전환하여 가급적 러시아-우크라이나 전쟁의 여파를 줄이려고 노력했습니다. 또 다른 한편으로는 에너지 가격 상승을 막기 위해 공기업을 지원하고, 에너지 빈곤층에 에너지 공급을 지원했지요.

누군가는 큰돈을 벌고 누군가는 돈이 없어서 폭염과 한파를 고스란히 견뎌야 한다면, 그것이 바로 기후 불평등입니다. 이러한 불평등을 조금이나마 극복하는 길은 에너지의 공공성을 강화하고 모든 사람의 기본권을 보장하는 것입니다.

3

뚜벅이의 눈으로 바라본
교통수단

옛날 사진을 뒤지다가, 초록빛 언덕 위에서 파란 하늘을 이고 단체로 만세를 부르는 사람들 모습이 담긴 사진을 발견했습니다. 2000년 봄에 찍은 사진이니 참 오래되었습니다. 사진에는 "화엄늪까지 가고 싶었는데 가지 못했다. 함께 간 윤석이가 정말 아쉬워했다"라는 메모가 적혀 있었습니다.

화엄늪은 천성산 정상에 있는 고산습지로, 고유의 독특한 생태계를 간직하고 있는 곳입니다. 서울에서 부산으로 가는 고속철도가 그곳 경남 양산의 천성산을 관통하면서, 생태계 파괴에 대한 우려가 커졌습니다. 당시 도롱뇽이 원고가 되어 고속철도 공사 금지 소송을 냈지만, 고속철도는 빠르게 건설되었습니다. 지금은 하루 수십 대의 고속열차가 시속 30km의 속도로 굉음을 내며, 천성산 아래 터널을 지나다닙니다. 도롱뇽은 잘 살고 있을까요? 저는 그 소송을 응원하는 '도롱뇽의 친구들' 가운데 한 명이었습니다.

느린 열차의 추억, 그리고 빠른 열차

어릴 때 외할머니 댁에 가려면 엄마는 꼭 밤 기차를 탔습니다. 8시간이었나, 12시간이었나. 당시 우리 집이 있던 경기도 수원에서 외할머니가 사시는 전남 장성까지 비둘기호나 통일호 열차로 걸린 시간입니다. 그래서 엄마는 밤 기차에 아이들을 태우는 방법을 선택하셨겠지요. 그 긴 시간 동안 불편하다, 지루하다 칭얼대는 아이들을 재우기 위해서요. 비둘기호는 모든 역에 정차했기 때문에, '옥정리'라는 역에 내려서 20분만 걸어가면 외할머니 집에 도착할 수 있었습니다. 통일호의 경우 장성역에 멈추니, 택시를 타야만 외할머니 집에 갈 수 있었고요.

밤새 이인용 의자에서 새우잠을 자다가, 대전역에 잠깐 멈춰서 먹었던 가락국수 맛은 지금도 잊을 수가 없습니다. 대전역의 철도 방향이 경부선 쪽으로 향해 있어서 호남선 방향으로 가려면 기차의 방향을 반대로 바꾸어야 했는데, 그 시간이 제법 오래 걸렸답니다. 기차가 잠시 정차하는 동안, 사람들은 역에 내려서 가락국수를 먹었습니다. 지금은 호남으로 가는 철로가 새로 놓여서 그런 시간이 사라졌지만, 가락국수는 여전히 대전 명물로 남아 있습니다.

너무 오래된 이야기를 했으니, 그보다는 오래되지 않은 옛날이야기를 들려줄게요. 대학에 입학한 후 두어 달 동안, 같은 고등학교 출신 선배들이 통학길에 동행하곤 했습니다. 언뜻 이해되지 않는 일이지요? 지금이라면 당연히 수원에서 서울에 있는 학교까지 지하철을 타고 가면 되지만, 당시 저는 아침에 소위 '통근열차'라는 걸 탔습니다. 이 기차는 수원역을 출발해서 서울역까지 직행합니다. 지하철처럼 모든 역마다 정차하지 않으니 더 빠르게 목적지까지 갈 수 있었지요. 그래서 아침에 우리보다 일찍 도착한 선배들이 기차 좌석을 맡아놓았다가, 행여 기차를 놓칠세라 뛰어오르는 후배들에게 자리를 내주었던 것입니다. 열차 모양이나 이용 방법이 달라지긴 했지만, 이 통근열차는 지금도 서울로 출퇴근하는 수도권 주민에게 유용한 교통수단이 되고 있습니다.

지금부터는 진짜 최근에 있었던 이야기를 해보겠습니다. 광주에서 열리는 친척 결혼식에 엄마를 모시고 가게 되었습니다. 서울에 사는 저는 당연히 KTX를 타고 가면 되겠다고 생각했습니다. KTX로 약 2시간이면 광주에 도착할 수 있으니까요. 그런데 문제는 엄마가 사시는 곳이 경기도 화성이라는 것이었습니다. 화성과 가까운 수원역에는 KTX가 정차하는 일이 드물어서, 기차를 이용하려면 서울이나 광명까지 나가야만 했습니다. 게다가 수원역에 정차하는 새마을호나 무궁화호 열차는 너무 뜸하게 있는지라, 결혼식 시간을 맞추기가 어려웠어요. 대부분 고속의 KTX로 편성하다 보니, 더 촘촘하게 정차하는 느린 열차가 줄어든 탓에 생긴 일입니다. 결국 지역에 따라 기차를 타는 게 훨씬 불편한 상황이 되어버렸습니다. 고속 기차라고 다 좋은 게 아니었습니다.

엄마와 나는 기차를 포기하고, 자가용을 운전해서 막히는 고속도로를 달려야 했습니다. KTX보다는 조금 느리더라도 편리하게 이용할 수 있는 기차가 있다면 좋을 텐데 하는 아쉬움을 곱씹으며 말이지요. 운전하는 동안 엄마와 한참 옛날 기차에 대한 추억을 나누었습니다.

무궁화호 열차

자가용 중독 사회

'마력'은 자동차 등에 쓰이는 힘의 단위로, 말 한 마리가 일할 수 있는 능력을 뜻합니다. 증기기관을 발명한 제임스 와트는 말 한 마리가 한 시간에 맷돌을 144번 돌릴 수 있다고 보았습니다.

요즘 우리가 타는 승용차는 최소 300마력쯤 됩니다. 운전자 혼자서 승용차를 타고 가면, 사람 한 명이 말 300마리를 이용하는 셈이지요. 옛날 임금님 행차가 부럽지 않습니다. 이제 어디를 가든 승용차를 이용하는 것이 매우 자연스러워졌습니다. 자동차를 두 대 이상 갖고 있는 집도 많아졌지요. 특히 서울 수도권이 아닌 지방 도시일수록 자가용 의존도가 더 높습니다.

지방 도시에 강연을 가게 되면, 대중교통 노선을 확인하다가 그냥 자가용을 운전해서 이동하는 게 낫겠다고 생각할 때가 많습니다. 목적지까지 곧바로 가는 교통편이 없거나, 설령 그런 교통편을 찾았다 해도 시간을 맞추기가 애매할 때도 있거든요. 그 도시 내에서 이동할 교통수단이 마땅치 않을 때는 강연을 주최한 곳에서 마중을 나와 주기도 합니다.

지도를 펼쳐놓으면 아주 촘촘한 도로망을 볼 수 있지만, 고속도로는 막히기 일쑤고 우리는 여전히 도로가 부족하다고 느낍니다. 도로가 얼마나 늘어나면 그런 문제가 개선될까요? 도로만의 문제가 아닙니다. 자동차가 많아질수록 주차장 문제도 발생합니다. 공동주택을 지을 때는 더 깊숙이 지하를 만들고, 주택가의 골목골목은 모두 주차장이 되었습니다. 서울시는 개인의 집 마당을 주차장으로 개조하면 비용을 지원해 주는 정책도 추진했습니다. 도시의 녹지가 있어야 할 자리에 회색 시멘트가 덮이고, 풀이 자라는 자리에 매연이 차올랐습니다.

어딜 가나 자동차가 넘쳐나는 사회에서 '도로 확충'은 필연적인 일처럼 느껴집니다. 보존해야 하는 숲에 터널을 뚫고 산을 깎아내는 일도, 도로를 만들기 위해서는 충분히 감수할 만하다고 여깁니다. 내가 사는 곳에 도로가 얼마나 잘 놓이는가에 따라, 우리 집의 부동산 가격이 좌우되기도 합니다. 집을 새로 사거나 빌릴 때, 주차장이 있는지 미리 살피는 일도 중요해졌습니다.

자동차로 인한 온실가스 배출이나 대기오염, 미세먼지 증가 등은 당연한 일이 되어버렸습니다. 자동차에 사용하는 휘발유나 경유, 가스 등은 모두 탄소를 많이 배출하는 주범입니다. 게다가 질소화합물이나 미세먼지 등 대기오염 물질도 대량으로 배출하기 때문에, 환경과 건강에 악영향을 미칩니다. 하지만 그동안의 정책은 환경과 건강보다는 '성장'과 '편리함'을 우선했습니다. 일단 많은 자동차가 돌아다닐 수 있는 도시를 만든 후, 환경오염 대책을 수립하기에 급급했지요. 심지어 기후위기를 막으려면 자동차를 줄여야 한다는 사실을 잘 알고 있으면서도, 유류세를 인하하면서 유류 소비를 늘리는 정책을 추진하기도 합니다.

도로교통이 중심이 되면서, 에너지 비효율성 문제와 그로 인한 환경오염 비용, 교통혼잡 비용, 사고 비용 등 우리 사회가 지불해야 하는 사회 비용도 어마어마해졌습니다. 눈이 많이 오면 일단 큰 도로의 제설작업부터 하는 사회, 기후변화 대응 정책이랍시고 새 자동차를 구입하면 비용을 지원해 주는 사회, 명절처럼 인구이동이 많을 때 도로 이용료나 주차장 이용 요금을 감면해 주는 사회. 그 모두가 자동차를 이용하는 사람들의 기준에서 '편리한' 정책을 반영하고 있습니다.

촘촘한 도로보다 촘촘한 공공교통으로

2023년 기준, 우리나라 온실가스 배출량에서 수송 분야의 배출량이 차지하는 비율은 15%가 넘습니다. 전기차가 늘어나면서 전년보다 조금씩 감소하고 있다고는 하지만, 여전히 매우 높은 수치입니다. 수송 부문에서 온실가스 배출을 줄이는 방법으로 많이 알려진 것은 전기차와 같은 친환경차로 바꾸는 것입니다. 하지만 이 방법만으론 자동차 중심의 사회에서 벗어날 수 없습니다.

자동차를 생산하는 것부터 시작해, 도로교통을 유지하며 자동차 연료를 충당하고 소비하는 모든 과정에서 온실가스가 발생합니다. 또 도로교통 확대로, 녹지가 줄어들고 환경은 오염되며 교통사고는 늘어나는 등 많은 문제가 발생합니다. 전기차로 바꾼다고 하더라도, 전기차에 사용하기 위해 전력을 더 많이 생산해야 합니다. 당연히 발전소를 더 많이 건설해야 하고, 결국엔 지역의 생태계 파괴와 지역공동체의 아픔으로 이어질 것입니다.

기후위기에 대응하고 편리한 이동을 보장하려면 도로교통 및 자가용 중심 사회와 헤어질 결심을 해야 합니다. 시민 개개인의 결심을 넘어, 자가용 수요를 줄이고 시내에는 버스나 지하철 등의 공공교통을 늘리며 지역 간에는 더 촘촘하게 철도망을 만드는 제도적 지원이 필요합니다. 버스나 지하철, 기차가 없어서 자가용을 선택하는 일이 없도록 골목길 공공교통망을 확충하는 일도 필요합니다.

얼마 전 서울의 한 외곽 지역에서는 시민들이 마을버스를 지켜낸 일이 있었습니다. 그 마을은 지하철역에서 조금 멀리 떨어져 있었고, 마을까지 진입하는 교통수단으로는 마을버스가 유일했습니다. 그러나 이용자가 줄어들어 버스 회사가 수익을 내지 못하자 마을버스 운행을 중단하기로 한 것이지요. 마을 주민들은 직접 나서서 서울시와 자치구에 건의하고 효율적인 운행을 제안하면서 공동의 교통수단을 지켜냈습니다.

스웨덴에서는 눈이 온 날 제설작업을 할 때, 맨 먼저 어린이집이나 유치원 앞 골목길의 눈부터 치운다고 합니다. 무엇보다 운전하지 않는 여성과 어린이 들이 많이 다니는 곳이 안전해야 한다는 의미입니다. 실제로 눈길 사고는 자동차 운행보다 보행 중에 많이 발생하기 때문이지요.

하지만 우리는 큰 도로의 눈부터 치우는 일이 당연하다고 생각합니다. 그런 인식은 기존의 자동차 중심 사회에 녹아든 '자연스러운 불평등' 때문입니다. 집 앞의 비탈진 골목길에서 눈에 미끄러져 넘어진 어르신에게 눈 오는 날 왜 밖에 나갔느냐고, 왜 좀 더 조심하지 않았느냐고 타박하는 것도 자연스러운 불평등의 한 모습입니다.

자전거의 도시 암스테르담 시민들에게 '자동차가 아닌 자전거를 타는 이유'를 물었습니다. 설문조사 기관은 '기후위기와 환경을 생각해서'라는 응답이 많으리라 예측했습니다. 하지만 시민들의 응답은 완전히 예상을 벗어났습니다. '자전거를 타는 것이 훨씬 편리해서'였던 것이지요. 막히는 도로에서 시간을 빼앗기기보다, 주차할 공간을 찾아 헤매기보다, 매연이 가득한 도로를 지나가기보다 자전거를 타는 편이 훨씬 좋았던 것입니다.

넓고 쾌적한 자전거 도로를 달리다 보면 계절의 변화도 보이고, 주변 환경도 눈에 들어옵니다. 또 꽉 막힌 도로에서 오도 가도 못한 채 있는 것보다 비용도 적게 들고 시간도 절약할 수 있지요. 자전거로 학교와 직장을 오가는 것은 더 안전하고 건강하고 편리한 방법이었습니다. 시민들의 편리를 위한 정책이 결국 기후위기에 대응하는 정책으로 이어진 것입니다.

공공교통으로의 전환은 수송 부문의 온실가스 배출을 줄이는 데 효과적입니다. 네 바퀴로 한 사람을 태우는 것보다, 네 바퀴로 20명 이상을 태우는 버스가 훨씬 에너지 효율이 높으니까요. 지하철이나 기차처럼 더 많은 사람을 수용할 수 있는 교통수단은 더욱 유용합니다. 또 공공교통으로의 전환은 도시 및 지역 간 이동을 편리하게 하며, 이동할 권리를 보장하는 데 기여합니다. 운전을 하지 못해도, 장애가 있어도, 자동차가 없어도, 누구나 안전하고 편리하게 이동할 수 있게 되는 것이지요.

도로 위 자동차를 중심으로 우리 사회를 바라보면, 지역과 성별 또는 소득 등에 따라 드러나는 자연스러운 불평등이 보입니다. 조금은 다른 눈으로, 자가용이 없는 뚜벅이의 눈으로 또 다른 교통 방식을 생각해 보는 것, 결국 기후위기 대응과 에너지 정의를 향한 노력입니다.

4

석탄은 멈춰도
노동은 멈출 수 없다

디아블로 캐년은 독특한 지형을 자랑하는 미국 캘리포니아의 휴양 지입니다. 캘리포니아의 마지막 핵발전소가 있는 곳이기도 하지요. 1985년부터 가동한 이 핵발전소는 캘리포니아 전력 수요의 약 10%를 담당했습니다. 2021년, 핵발전소 운영사는 안전성과 경제성, 캘리포니아주의 에너지 정책 변화 등을 이유로 발전소를 폐쇄하기로 결정합니다. 캘리포니아주는 미국에서도 재생에너지로 전환하는 속도가 빠른 곳입니다.

일자리가 사라지는 노동자들에겐 대책이 필요했습니다. 운영사는 노동조합과 함께 핵발전소를 일정 기간 더 운영한 뒤 폐쇄하고, 조합원과 지역사회에 보상하기로 합의했습니다. 운영사는 재생에너지와 에너지 효율 관련 일자리를 만들고, 노동자들은 직업 훈련을 받아 일자리를 전환하는 방식으로 지역경제의 변화를 꾀하기로 했습니다.

내 일자리를 폐쇄하라!

"지옥문이 열렸습니다." 2023년 기후변화협약 당사국총회에서 유엔 사무총장인 안토니우 구테흐스가 한 말입니다. 남한 면적의 2배 남짓을 태워버린 캐나다 산불, 6,000여 명이 사망하고 1만여 명 이상의 이재민을 낳은 리비아 홍수, 23명이 온열질환으로 사망한 우리나라의 폭염. 비가 많이 오는 나라인 에콰도르는 가뭄으로 신음하고, 건조하기로 유명한 파키스탄은 홍수 피해를 입는 세상. 이상기후 현상이 증가하고 있습니다. 심각해지는 기후위기를 경험하는 사람들도 늘어나고 있지요.

기후변화의 주범이라고 불리는 석탄발전소를 폐쇄하려는 움직임은 느리지만 꾸준하게 진행되고 있습니다. 매년 기후변화협약 당사국총회에서도 탈석탄이 주요 의제로 떠오르고, 최근 세계 주요 7개국(G7)은 2035년 탈석탄을 결의하기도 했습니다.

몇 년 전 석탄발전 노동자들이 "기후변화를 막기 위해 탈석탄을 해야 한다"라고 발표한 성명을 보고는 깜짝 놀랐습니다. 석탄발전소는 그들이 평생을 몸담아 온 일터였고, '탈석탄'은 그들의 일자리가 사라진다는 것을 의미하기 때문이었습니다. 자신의 일터를 스스로 문 닫자고 말하기까지 얼마나 많은 고민과 토론이 있었을까 하는 생각에 가슴이 먹먹해졌습니다. 아니나 다를까, 그 성명이 나온 후에

몇몇 노동자들의 항의가 있었다는 말도 들려왔습니다.

하지만 여전히 석탄발전 노동자들은 석탄발전소를 조기에 폐쇄할 것을 요구합니다. 그들이 자신의 일터인 석탄화력발전소를 폐쇄하라고 외치는 이유는 하나입니다. 기후위기라는 지옥문이 열리는 속도를 조금이라도 늦추기 위해서지요. 그리고 그 전환의 과정에 스스로 주체로 서서 정의로운 전환을 이뤄내기 위해서입니다.

석탄발전은 우리나라 경제 성장에 큰 역할을 한 산업입니다. 그곳에서 일하는 노동자들은 수십 년 동안 석탄 가루를 마시면서 모든 국민이 편리하게 사용하는 전기를 만들었고, 국가 발전에 이바지했습니다. 그 소중한 노동의 가치가 기후위기 시대라고 사라지는 것은 아니지만, 이제 깨끗하고 친환경적인 발전소에서 더 나은 환경을 만드는 일자리로 전환해야 합니다.

폐쇄되는 석탄발전소, 사라지는 일자리

"한 시대의 종말입니다. 지난 140여 년 동안 전력 공급에 기여한 석탄 노동자들에게 감사합니다." 2024년 10월, 142년간 석탄의 시대를 이끌었던 영국이 마지막 석탄발전소를 멈추고 탈석탄 시대를 열었습니다. 그날 행사장에 참석한 마이클 섕크스 영국 에너지안보

탄소중립부 차관은 산업혁명과 경제 성장의 주축이 된 석탄 노동자들에게 감사를 표했습니다. 영국의 마지막 석탄발전소는 굴뚝을 모두 철거한 뒤 청정에너지 센터로 거듭날 예정입니다.

영국 정부가 2025년까지 탈석탄을 이루겠다고 선언한 후, 석탄발전 기업들도 노동자의 일자리 전환을 위해서 적극 노력했습니다. 탈석탄을 위해 노동자들이 일자리를 잃어서는 안 되기 때문입니다. 영국 정부는 서로의 준비를 위해 석탄발전 퇴출 날짜를 이미 10년 전에 정하고, 기업은 노동조합과 함께 노동자 재교육이나 이직 등의 전환을 계획했습니다.

탄소중립은 전 지구적인 과제입니다. 2019년 유엔 기후 행동 정상회의에서 65개국 정상들이 탄소중립을 선언했고, 우리나라도 '2050 탄소중립'을 선언했습니다. 탄소중립을 달성하려면, 탄소를 가장 많이 배출하는 석탄화력발전소를 단계적으로 폐쇄하는 일이 필수적입니다.

2023년 우리나라에는 59기의 석탄화력발전소가 가동되면서, 전체 전력의 30% 이상을 담당했습니다. 하지만 오래된 충남 보령과 서천, 강원 영동, 경남 삼천포 등을 시작으로 점차 폐쇄하는 발전소가 늘어나고 있습니다. 2025년부터 2036년까지 약 10년 동안 28기의 석탄발전소가 폐쇄될 예정이고, 석탄발전소가 가장 많은 충남은 2050년까지 석탄발전소를 모두 폐쇄할 계획을 세웠습니다. 하지만 기후위기의 속도를 고려하면 그보다 훨씬 빠른 시기에 석탄발전소를 폐쇄해야 합니다. 앞으로 40년 가동을 목표로 공사 막바지에 있는 포스코그룹의 삼척블루파워 석탄화력발전소 건설은 중단되어야 하고요.

문제는 석탄발전소를 폐쇄하는 과정에서 일자리를 잃는 노동자들이 발생했고, 앞으로는 더 많이 발생할 것이라는 사실입니다. 최근까지 폐쇄된 10여 기의 석탄화력발전소에서 일하던 정규직 노동자는 다른 발전소로 전환 배치되어 일자리를 유지했지만, 비정규직 노동자들의 사정은 달랐습니다. 기존의 일자리를 떠나야 했던 848명 가운데 81명이 직장을 잃었지요. 아무런 준비 없이 시간이 흐르고 폐쇄하는 발전소가 늘어나면, 일자리를 잃는 노동자들의 수는 많아질 수밖에 없습니다.

그러나 노동은 멈출 수 없다

지구에서 살아가는 생명은 그 누구도 기후위기에서 자유롭지 못합니다. 기후위기는 이상 기후와 같은 자연재해로 오기도 하고, 우리들이 먹는 것으로, 입는 것으로, 사는 곳으로, 또는 산업과 경제를 통해 나타나기도 합니다. 위기 대응이나 전환의 방식도 저마다의 위치와 상황에 따라 달라집니다. 하지만 그 과정에서 놓치지 말아야 할 한 가지는 누구에게도 피해를 강요해서는 안 되며, 불평등한 해결책은 정의로울 수 없다는 사실입니다. 전환의 과정에서 소외되거나 사라지는 이가 있어서는 안 됩니다.

현재 기후위기 대응에서 거대한 흐름 중 하나는 화석연료 시스템에서 '재생에너지 시스템으로 전환'하는 것입니다. 그 전환의 과정에는 석탄발전소 폐쇄가 포함되어 있습니다. 따라서 석탄발전소에서 일하는 노동자들은 에너지 정책에 직접적인 영향을 받을 수밖에 없습니다. 노동자들이 한순간에 예기치 못한 일자리 상실에 직면하지 않도록, 미리 준비하고 대비하는 일이 필요합니다.

국제사회는 기후위기 대응을 위한 거대한 전환 과정에서, 누구도 피해를 겪지 않아야 한다는 '정의로운 전환' 원칙을 말하고 있습니다. 석탄발전소만이 아니라, 온실가스 감축을 위해 대규모의 전환이 일어나고 있는 산업 부문 전반에 해당하는 말입니다. 예를 들어 내연기관차를 생산하는 자동차 산업이나, 탄소 배출량이 가장 많은 철강 산업 등에도 적용됩니다.

석탄발전에 종사하는 노동자들에게 석탄발전소는 단순한 일터가 아닙니다. 그 지역에서 뿌리내리고, 결혼하고, 아이를 키우는 삶터입니다. 그러니 아무런 준비 없이 석탄발전소를 폐쇄하는 것은 그들에게 삶터를 떠나라는 의미와도 같습니다. 기존의 일자리에서 전환

일자리 보장을 요구하는 석탄발전소 노동자들

할 수 있고, 이후 지속가능한 일자리를 만드는 것은 노동자와 그 가족의 삶을 지키는 일이 됩니다. 일자리를 지키고 불평등을 해소하는 정의로운 전환을 이루려면, 노동자들이 직접 그 과정에 참여하는 것이 중요합니다. 또 기후위기 대응을 위해 행동하는 다른 구성원들과의 협력과 연대도 필요하지요.

2023년 '기후정의파업'을 준비하던 석탄발전 노동자는 언론 기고를 통해 "석탄화력발전소의 폐쇄가 인간의 마음을 폐쇄해서는 안 됩니다"라고 말했습니다. 석탄발전소 폐쇄가 피할 수 없는 과제라면, 또 석탄발전 노동자와 해당 지역 주민에게 희생을 떠넘기지 않으려면 어떻게 재생에너지로 전환할 것인지 우리 함께 지혜를 모아야 합니다.

5

'훈데르트바서'
하우스에서 살고 싶다

"이렇게 바뀌었습니다!" 일요일 저녁의 대표적 예능 프로그램이던 「러브하우스」의 단골 대사입니다. 「러브하우스」는 매우 열악한 주거 환경에 사는 사람들의 사연을 듣고, 그 요구에 맞게 집을 고쳐주는 프로그램이었습니다. 화장실을 개조하기도 하고, 곰팡이가 가득한 벽을 새로 도배하기도 하고, 바람이 숭숭 들어오는 창문을 고쳐주기도 했지요. 이웃의 낡은 둥지를 따뜻한 보금자리로 바꾸고, 아픈 사연을 지닌 분들의 마음을 '집수리'라는 방법으로 어루만지던 시간이었습니다.

저도 그 프로그램을 참 좋아했습니다. 주인공의 집이 화면에 잡힐 때는 한숨이 새 나왔고, 사연을 들으며 가끔은 울기도 했습니다. "우와, 진짜 멋지다. 내 방보다 훨씬 좋아!" 변신한 집이 공개될 때는 감탄도 하고, 같이 기뻐하기도 했습니다.

비닐하우스는 집이 아니다

2020년 영하 20℃의 한파가 몰아친 겨울, 경기도 포천의 한 비닐하우스에서 잠을 자던 이주 노동자가 사망했습니다. 비닐하우스에는 난방 장치가 설치되어 있었지만, 사고가 발생하기 며칠 전부터 제대로 작동하지 않았습니다. 그 이주 노동자는 다음 달 고국으로 향하는 비행기표를 예약해 둔 상태였지만, 결국 돌아가지 못했습니다. 이듬해 겨울에는 광주의 장미 농장 비닐하우스에서 불이 났습니다. 다행히 인명 피해는 없었지만, 그곳 비닐하우스는 이주 노동자 18명이 '사는' 곳이었습니다.

농업에 종사하는 이주 노동자들이 '사는' 집은 비닐하우스나 조립식 널빤지로 만든 숙소, 컨테이너 등 다양합니다. 에어컨이 없는 건 물론이고, 욕실이 없거나 온수가 나오지 않는 곳도 많습니다. 대부분 여럿이 함께 좁은 공간을 사용합니다. 심지어 화장실이 없어서, 매일 새벽 다른 사람들의 눈을 피해 삽과 휴지를 들고 밖으로 나가 땅을 판 후 볼일을 보기도 합니다. 구덩이에 대변을 누고 후다닥 흙으로 덮어버리는 것이지요. 여름철에는 냉방과 환기가 되지 않아 폭염과 온열질환에 그대로 노출되고, 반대로 겨울철에는 한파를 막을 수 없는 곳이 바로 비닐하우스입니다.

비닐하우스는 채소나 과일, 꽃 등 식물을 키우기 위해 비닐을 씌워 만든 온실입니다. 사람이 거주하는 곳이 아닌, 식물을 재배하기 위한 시설이라는 말이지요. 우리가 겨울철에도 딸기와 수박을 먹고 장미꽃을 볼 수 있는 것은 비닐하우스 덕입니다. 빈 비닐하우스는 창고나 작업장으로 쓰이기도 합니다. 하지만 최근에는 이주 노동자들의 숙소가 되는 일이 비일비재합니다. 이주 노동자들과 시민사회단체들은 '비닐하우스는 집이 아니다'라는 캠페인을 벌이며, 안전하고 쾌적한 삶을 위한 주거 대책을 마련해 달라고 요청하고 있습니다.

여기도 사람이 산다

2022년 여름, 서울 관악구의 한 주택 반지하에서 모녀 등 3명의 가족이 숨지는 사고가 발생했습니다. 폭우로 반지하가 침수되면서 구조를 요청했지만, 4분 만에 도착한 구조대원들조차 집 안 가득 들어찬 물을 빼내기에는 역부족이었지요. 세 사람이 구조되었을 때는 이미 숨을 거둔 후였습니다.

반지하 가옥은 폭우가 쏟아지면 순식간에 물이 차오르면서 고립되어 심각한 사고로 이어질 수 있습니다. 집 밖에 물이 정강이 높이까지만 차올라도, 집 안에서는 문을 열 수가 없습니다. 어렵게 문을 열고 나왔다 해도, 계단을 따라 쏟아지는 빗물 때문에 지상으로 올라가기 어렵습니다. 당연히 그런 곳에 살고 있는 사람들은 비가 많이 오면 늘 불안합니다. 서울시는 그 사고 이후 반지하 가구에 물막이판을 설치하기로 했지만, 근본적인 대책이 될 수는 없습니다.

서울의 지하·반지하 주택은 20만 호가 넘습니다. 전체 가구의 5%나 되지요. 대부분은 1980년대 후반과 1990년대 초반에 지어졌습니다. 정부는 1980년대 후반에 주택 가격과 전세 가격이 급등하자 '주택 200만 호 건설 계획'을 수립하고, 다가구주택과 지하층 건축 기준을 완화해 주었습니다. 그러면서 지하·반지하 주택이 폭발적으로 증가했지요. 지하라는 공간적 특성에다 오래되어 낡은 건물이라는 상황까지 겹치면서, 폭우뿐 아니라 폭염과 한파에 더 열악한 환경을 만들고 있습니다.

다큐멘터리 영화 「바로 지금 여기」(2024)에는 서울 종로구 돈의동의 쪽방촌 이야기가 나옵니다. 할머니 한 분이 수건을 적셔 등에 두른 채 작은 선풍기를 의지해 잠을 청합니다. 동네 할아버지들처럼 문을 활짝 열어둔 채 윗옷을 벗고 수돗물에 등을 내맡기고 싶지만, 그러지 못합니다. 너무 더워서 수십 번 잠에서 깨지만, 할 수 있는 일이라고는 더위가 누그러지기만을 기다리는 것뿐입니다. 방 위쪽에 에어컨은 있지만, 그 리모컨을 집주인이 가져간 탓에 에어컨을 켤 수 없습니다. 할머니와 돈의동 쪽방촌 주민들은 서울시청을 찾아가서 주거 대책을 마련하라며 기자회견을 하기도 합니다.

모두의 집으로 가는 길

훈데르트바서 하우스. 오스트리아 여행에서 추천하는 관광지 가운데 한 곳입니다. 말 그대로 건축가이자 화가, 환경운동가인 훈데르트바서가 지은 예쁜 집이지요. 훈데르트바서는 산업으로 파괴되는 자연을 보면서, 자연의 언어를 배우고 자연을 보호해야 한다는 생각을 건축에 담은 것으로 유명합니다. 그의 철학이 오스트리아의 사회주택 정책과 만나 '훈데르트바서 하우스'가 탄생했습니다.

훈데르트바서 하우스는 층층이 정원을 끼고 있고 주택과 상가가 어우러진 건물로, 이른바 '사회주택'입니다. 오스트리아 수도 빈의 주민들 60% 이상이 사회주택에 거주합니다. 사회주택은 우리나라의 임대주택과 비슷한 것으로, 공공에서 공급하고 운영하여 저렴한 임대료로 이사 걱정 없이 살 수 있습니다. 주거 환경도 매우 좋습니다. '집다운 집'을 위해 햇볕, 공기, 빛을 충분히 누릴 수 있도록 설계하고, 공용 공간의 편리함과 효율성을 높였을 뿐 아니라, 주변의 교통과 편의시설도 충분히 두어 생활에 불편함이 없도록 했습니다. 우리나라처럼 집을 '사는 것'이 목표가 아닌, '사는 곳'으로서 충분히 기능하도록 한 것입니다.

우리나라의 임대주택 상황은 매우 다릅니다. 사람들은 임대주택이 들어서면 인근 주택의 가격이 내려갈 것을 우려합니다. 임대주택

훈데르트바서 하우스

을 혐오시설로 둔갑시킵니다. 가난한 사람들이 산다는 왜곡된 인식 때문에, 그곳에 사는 아이들과는 한 교실에서 수업을 받는 것조차 꺼립니다. 침수 피해를 입은 관악구의 주택들이 '침수위험지구'가 지정될 때 빠진 이유도, 침수위험지구로 지정되면 집값이 떨어진다는 건물주들의 반발 때문이었습니다.

비슷한 이유로, 쪽방촌에 공공임대주택을 마련해서 주거권을 보장하겠다는 서울시의 계획도 지연되고 있습니다. 공공이 아닌 민간 기업이 개발해야 그로 인한 이익이 많아진다며 지역 주민들이 반대하기 때문입니다. 집을 소유한 사람들의 재산권을 강조하는 개발 논리로는 지역 주민들의 삶을 보호하기 어렵습니다.

우리에게 '집'은 적절한 휴식을 제공하고 더위와 추위로부터 우리를 지켜주는 공간입니다. 우리나라의 '주거기본법'은 "물리적·사회적 위험으로부터 벗어나 쾌적하고 안정적인 주거 환경에서 인간다운 주거 생활을 할 권리를 갖는다"면서 모두의 권리를 정하고 있습니다. 이 권리는 날로 심각해지는 기후 재난에 더욱 필요한 요소가 되었습니다.

폭염과 한파에 고스란히 노출되는 비닐하우스가 아닌 집다운 집을 제공하고, 상시 침수 우려가 있는 반지하 주택에 적극적인 대책을 마련하며, 가난해도 적정한 에너지를 사용해 쾌적한 여름을 날 수 있도록 지원하는 것. 사는 곳을 지키는 일은 기후위기 시대에 삶을 유지하기 위한 기본적인 권리입니다. '사는 것'이 아니라 '사는 곳'으로서 집의 기능을 되찾는 일에 다시 한번 깊은 고민이 필요합니다.

6

전력 자립률
10 VS 200

"와, 우리 집이 전기 공장이 되었어요!", "새벽 3시에도 전기를 만드는데? 전광판 불빛이 햇빛인 줄 아나 봐." 햇빛으로 전기를 만드는 태양광발전기를 집에 설치한 후, 아이들이 신났습니다. 친구들과 선생님께 자랑하기도 하고, 아침이면 일어나서 태양광발전기가 만든 전기가 얼마나 되는지 확인하기도 합니다. 비 오는 날이면 "비야, 그만 와라" 하면서 노래를 부르기도 하고요.

저도 신기합니다. 현관 앞에 설치된 전력량계의 숫자판이 거꾸로 돌아가는 것을 봤거든요. 전력량계 숫자가 뒤로 간다는 것은, 우리 집이 쓰고도 남을 만큼 태양광발전기가 전기를 생산했다는 뜻입니다. 태양광발전기를 설치한 후로 우리 집은 한전에서 구매하는 전기량이 많이 줄었습니다.

빚을 지고 사는 도시

'지구의 밤'을 본 적이 있나요? 2017년, 미국 항공우주국(NASA)은 인공위성이 찍은 지구의 야경을 공개했습니다. 새까만 어둠에 싸인 지구 표면 위로, 군데군데 반짝거리는 빛들이 보입니다. 뉴욕이나 도쿄, 서울과 같은 대도시들입니다. 밤인데도 그 도시들이 환하게 빛나는 이유는 바로 '전기로 밝힌 불' 때문입니다. 한반도에서는 서울과 수도권이 유난히 환하고, 그 외 부산이나 울산, 광주 같은 대도시도 빛을 머금고 있습니다. 반면 북한 지역은 새까만 어둠에 둘러싸여 있어 대조를 이룹니다.

누군가는 그런 지구의 모습을 보면서 '내 방에서 즐기는 지구촌 야경'이라며 좋아했고, 누군가는 밤에도 켜져 있는 인공 불빛의 문제를 제기했습니다. 옛날 우리 선조들은 전깃불을 '도깨비불'이라고 불렀어요. 1887년 경복궁에서 우리나라 최초로 전기 점등이 이루어졌는데요, 밤에도 대낮같이 환한 불을 본 사람들이 붙인 이름입니다. 지금은 그 도깨비불이 어디를 가나 환하게 밤을 밝히고 있습니다.

우리나라에서 전기를 가장 많이 쓰는 곳은 경기도입니다. 그다음이 충남과 서울이지요. 경기도에서 사용하는 전기 가운데 절반가량은 경기도에서 생산되지만, 나머지 절반쯤은 다른 지역에서 끌어옵니다. 서울의 상황은 더 심각합니다. 전체 전기의 약 10%만 서울에서 생산하고, 나머지는 모두 다른 지역의 발전소에서 빌려옵니다. 즉 경기도의 전력 자립률은 약 50%, 서울은 약 10%에 불과하다는 의미입니다.

인천 영흥도, 충남 태안 등지의 석탄화력발전소나 서해안의 전남 영광 핵발전소, 동쪽의 경북 울진 핵발전소 등이 바로 서울 및 수도권에 전기를 보내주는 발전소입니다. 그 커다란 발전소에서 서울 및 수도권으로 전기를 옮기려면 송전선이 필요합니다. 산이나 들에 촘촘하게 솟아 있는 철탑이 송전선을 지탱하는 것이지요. 서해안이나 동해안에서 운영되는 거대한 석탄화력발전소와 핵발전소, 그리고 고속도로보다 훨씬 촘촘한 송전망이 없다면, 서울 및 수도권은 컴퓨터도, 가로등도, 엘리베이터도, 공장도 가동을 멈출 수밖에 없습니다.

반면 충남은 대규모 산업단지가 몰려 있어서 전력 소비량이 매우 높은 지역이지만, 그만큼 석탄화력발전소도 많이 있습니다. 우리나라 석탄화력발전소의 절반가량이 충남에 있거든요. 그래서 충남 지역은 전력 소비량이 많은데도 불구하고 전력 자립률은 무려 200%가 넘습니다. 그처럼 충남에는 발전소가 많이 있다 보니 자연스럽게 산업단지가 형성되었습니다.

석탄화력발전소에서 생산된 전기를 인근 공장이나 멀리 있는 수도권으로 보내기 위해, 충남 지역에는 수많은 송전선과 송전탑이 설치되어 있습니다. 76만 5,000V나 되는 엄청난 전압의 송전탑부터,

34만 5,000V, 15만 4,000V짜리 송전선이 지나기도 합니다. 초고압 전기가 흐르는 송전선은 비가 오면 지지직 하며 불꽃이 일기도 하고, 윙윙거리는 소리가 나기도 합니다. 우리 집 전원 소켓에 공급되는 전기의 전압이 220V니까, 그와 비교해 보면 어마어마하게 높은 전압이라는 사실을 알 수 있지요.

서울이나 경기도, 대전과 같이 전력을 자급하지 못하는 도시는, 충남이나 인천처럼 대규모 석탄화력발전소가 있는 지역 혹은 경북이나 부산처럼 위험한 핵발전소가 있는 지역에 빚을 지고 사는 셈입니다. 또 그 전기가 오는 길목에 송전탑이 세워진 산과 들, 마을에도 빚이 있지요.

전력의 식민지가 되어버린 지역공동체

"데모하러 서울에 갔는데 마 삐까뻔쩍하이 정신이 읎어. 대낮걸이 밝아갖고 훤-하이, 그란데 마 퍼뜩 그런 생각이 들더라꼬. '아, 이래 전기 갖다 쓸라꼬 우리 집 앞에다가 송전탑 시운(세운) 기구나. 그라믄 전기 만드는 데든 송전탑이든 여 갖다 세우지 와 남의 땅에다 시와놓고, 이래 느그는 팡팡 에어컨 돌리고 야밤에 온 시상(세상)을 대낮걸이 밝혀놓고 이라노 말이다' 이런 생각이 드는 기라." 밀양의 탈

송전탑·탈핵 운동의 이야기를 담은 책『전기, 밀양–서울』에 나오는 밀양 주민의 말입니다. 밀양의 전력 사용량은 서울에 비하면 턱없이 적습니다. 하지만 서울에는 없는 76만 5,000V의 송전탑과 송전선이 밀양을 지납니다.

부산에는 6기의 핵발전소가 있습니다. 처음 핵발전소 부지로 선정되었을 때, 그곳 주민들은 살고 있던 터전을 강제로 내주고 옆 마을로 이주해야만 했습니다. 그런데 그 옆에 핵발전소가 추가로 건설되면서, 겨우 정착한 마을에서 또다시 강제로 떠나야만 했지요. 농사를 짓고 마을 공동체를 이루며 살아가는 사람들에게 땅을 옮기는 일은 엄청난 변화를 불러오지만, 국가 계획은 그리 사려 깊지 못했습니다.

전력 소비량이 매우 적은 경북 울진군에는 무려 8기의 핵발전소가 있고, 여기 더해 2기가 추가로 건설되고 있습니다. 지난 2022년 삼척과 울진을 거쳐 대규모 산불이 났을 때, 소방청은 혹여 그 산불이 울진의 핵발전소로 번질까 노심초사했습니다. 인근 주민들도 내내 긴장을 놓지 못했지요. 포항과 경주에서 지진이 났을 때도, 지역 주민뿐 아니라 온 국민이 지진 때문에 핵발전소에 사고가 나면 어쩌나 한참을 불안해했습니다.

충남 당진화력발전소에서 8km 정도 떨어진 한 마을 위로는 송전선이 촘촘하게 지나갑니다. 2019년 조사에 따르면, 이 마을 150여

명의 주민 가운데 암 투병 중인 주민이 9명이나 됩니다. 주민들은 송전탑이 건설된 후 암 환자가 늘었다고 전했습니다. 석탄화력발전소 6기가 가동되고 있는 인천 영흥도는 이제 더이상 갯벌에서 바지락을 찾아보기 힘듭니다. 석탄 가루 때문에 야외에 빨래를 너는 것조차 어렵습니다.

발전소가 들어서면 그 지역 경제는 발전소의 영향을 많이 받습니다. 발전소에서 일하기 위해 노동자가 유입되고, 일자리를 얻는 지역 주민이 늘어나며, 발전소에서 나오는 세금은 지역의 재정을 채웁니다. 그래서 지역 주민들은 발전소 때문에 피해를 많이 보면서도 선뜻 발전소를 폐쇄하라고 말하기 어렵습니다. 결국 서울 및 수도권, 산업단지를 위해 지역의 희생이 지속되는 악순환의 고리가 생겨났습니다.

10:200을 좁히기 위해

사우디아라비아 인근의 섬나라 바레인에는 바닷바람을 이용해 전력을 생산하는 독특한 건물이 있습니다. 돛단배 모양을 한 '세계무역 센터'로, 거대한 풍력발전기가 건물과 건물을 연결합니다. 그렇게 풍력으로 만든 전력은 그 건물에서 사용하는 전력의 15%쯤을 충당합니다. 섬나라라는 특성상 하루 중 60% 이상의 시간 동안 바람이 불어, 도심 빌딩 사이에서도 풍력발전이 가능했습니다.

이 건물은 풍력발전뿐 아니라 다양한 친환경 기술을 접목하여, 환경적으로 우수하다는 평을 받기도 합니다. 햇빛을 잘 활용해서 조명에 사용되는 에너지를 줄이며, 단열 성능이 좋고 에너지 효율이 높은 유리를 사용하기도 했지요. 이렇듯 도시에서도 다양한 방법으로 전력을 생산하고 이용할 수 있습니다.

필요한 전력을 스스로 생산하려는 노력은 다른 지역에 빚을 지고 사는 도시가 져야 할 최소한의 책임입니다. 도시와 산업단지에서 에너지 자립을 위해 가장 먼저 할 수 있는 일은 에너지 소비를 줄이는 것입니다. 낭비하지 않고 아껴 쓰며, 에너지 효율을 높이는 것입니다. 실내의 냉난방 온도를 적절하게 조절하고, 필요 없는 조명을 끄는 것은 누구나 알고 있는 에너지 절약 방법입니다. 에너지 효율이 1등급인 제품을 사용하고, 창문이나 문의 밀폐성을 개선하여 냉난방 성능을 향상시키는 것은 에너지 효율을 높이기 위해 우리가 실천할 수 있는 일입니다. 공장에서는 제품을 생산하며 에너지 소비를 줄이는 방식을 도입하는 것이 좋겠지요. 이렇게 에너지 소비를 줄이면 석탄화력발전소나 핵발전소를 감소시키는 효과를 가져올 수 있습니다.

좀 더 욕심을 낸다면, 도시의 유휴지에 태양광이나 풍력 등 활용

가능한 재생에너지 발전소를 건설하는 것도 고려해 볼만 합니다. 도로 주변이나 건물 옥상, 옥외 주차장, 건물 지붕 등 발전기를 설치할 수 있는 곳은 많습니다.

서울의 한 아파트는 그 옆 철로에 태양광발전기를 설치하고 전력을 판매하여, 그 수익을 입주민들과 나누기도 합니다. 요즘엔 지붕이나 창문에 설치하거나 블라인드처럼 올리고 내리는 식으로 조절할 수 있는 태양광 패널 등 다양한 태양광발전 시스템이 개발되고 있습니다. 더욱 다양한 곳에 갖가지 형태로 이용할 수 있게 된 것이지요. 도시와 마을에서 재생에너지 발전량이 증가하면 멀리서 전기를 가

서울 자양 고가도로에 설치된 태양광발전 시설

져올 필요가 줄어듭니다.

지산지소(地産地消)라는 말이 있습니다. 생산하는 곳에서 소비한 다는 뜻으로, 일본에서 후쿠시마 핵발전소 사고 후에 많이 사용된 말입니다. 엄청난 지진과 쓰나미로 후쿠시마 핵발전소가 멈추자, 일본 시민들은 몇몇 지역에 대규모의 위험한 발전소를 집중시켜 전력을 생산하는 시스템의 문제점을 알게 되었습니다. 그리고 지역에서 필요한 만큼 생산하고 소비하는 에너지 시스템을 갖춰야만 한다는 인식이 널리 퍼졌지요. 그들은 에너지를 절약하는 방법을 홍보하면서 소비를 줄이기 위해 함께 노력했습니다.

앞으로 태양광과 풍력은 에너지원으로서 차지하는 비중이 점점 늘어날 것입니다. 석탄발전이나 핵발전처럼 한곳에 대규모로 건설하는 방식이 아니라, 태양이 비추고 바람이 부는 곳에 분산하여 설치할 수 있습니다. 또 태양광과 풍력은 온실가스와 방사능을 방출하지 않으며, 소비하는 것 이상으로 다시 보충되는 재생 가능한 천연자원입니다.

지산지소, 다시 말해 에너지 자립 시스템은 자기 지역의 에너지에 스스로 책임을 갖도록 하고, 에너지의 소중함을 일깨울 것입니다. 또 송전선으로 인한 갈등과 희생도 줄여줄 것입니다. 서울의 전력 자립률 10%와 인천 및 충남의 자립률 200%의 차이를 조금이나마 좁히려는 노력은 지역 사이의 에너지 불평등을 해소하는 첫걸음입니다.

7

지구 생태계는
한계가 있다

영화 「어벤져스: 엔드게임」에 타노스라는 우주 최고 악당이 등장합니다. 타노스는 여러 행성을 침공하고, 결국 우주의 근원적 힘을 지닌 인피니티 스톤을 모아 전 생명체의 절반을 학살하는 일을 벌입니다. 타노스는 자신의 행성 타이탄에 자원이 고갈된 나머지 생명체가 멸종하는 것을 목격한 후, 우주에서도 같은 일이 벌어질 것을 우려했습니다. 최악의 재앙을 막기 위해 타노스가 택한 방법은 결국 우주 생명체의 절반을 사라지게 하는 것이었지요. 목적을 달성한 타노스가 작은 행성으로 돌아가 농사를 짓는 것으로 영화는 막을 내립니다.

인간이 한꺼번에 사라진다면

한 번쯤 인간이 없는 지구를 상상해 보았나요? 영화 「어벤져스: 엔드게임」을 보면서 '인간이 절반으로 줄어들면 지구의 위기가 해결될까' 하고 생각해 보았습니다. 하지만 결론은 희망적이지 않았어요. 수십 년 또는 수백 년 동안은 잠깐 문제가 해결되는 듯 보이겠지만, 지금과 같은 문명과 시스템을 이어가는 한 인류는 또다시 지구를 위협하는 존재가 될 수 있을 거라는 우울한 전망이 고개를 들었거든요.

앨런 와이즈먼의 『인간 없는 세상』은 어느 날 갑자기 인류가 사라진 이후 달라지는 세계의 모습을 담았습니다. 인간이 관리하던 수많은 공장과 석유화학 단지, 핵발전소 등에서 유해한 물질이 그대로 방치되어 한동안은 공기와 물이 오염될 것입니다. 인간과 함께 살던 반려동물이나 가축은 먹을 것을 구하지 못해 힘들어질 수도 있습니다. 그렇지만 오랜 시간을 거치면서 지구는 점차 회복될 것입니다. 고압전선에 전기가 흐르지 않으면, 그간 송전선에 희생되던 새들이 자유롭게 날아다니게 되겠지요. 시멘트가 무너진 곳에서 나무가 자라고, 수백 년 후에는 플라스틱을 분해하는 미생물이 생겨날지도 모릅니다.

와이즈먼은 3만 5,000년이 지나면 산업으로 인한 오염물질이 토양에서 자취를 감추고, 10만 년이 지나면 온실가스가 줄어들며, 25만 년이 지나면 방사능이 자연 상태의 수준으로 낮아질 것이라고 보았습니다. 그는 우리나라의 비무장지대를 다녀와서 "전쟁으로 황폐해진 땅이 어떻게 회복되는지를 목격하면서, 사람과 자연이 화해할 수 있다는 생각을 갖게 되었다"라고 고백하기도 합니다.

인류와 생태계에 거대한 재앙이던 체르노빌 핵사고가 발생한 지 35년도 더 지났지만, 일부 지역은 여전히 높은 수준의 방사능 때문에 사람들의 출입이 통제됩니다. 하지만 그 지역의 생태계는 방사능과 싸우며 스스로 회복하고 있습니다. 인간이 물러난 지역에는 곰과 들소, 늑대, 스라소니, 여우 등의 수많은 동물이 자신의 삶을 지키며 성장하고 있습니다. 여전히 고농도의 방사능 때문에 영향을 받으면서도, 변화된 환경 속에서 스스로 진화하고 적응하기도 합니다.

어느 가을날, 한적한 시골 마을을 걷다가 빈집 하나를 발견했습니다. 누가 살다가 떠난 자리인지, 마당에 걸린 가마솥과 처마 아래로 거미줄이 쳐져 있었습니다. 빨랫줄을 걸었을 법한 장대 위에는 잠자리가 앉아 쉬고 있었고요. 아궁이가 놓인 마당에는 이름 모를 풀이 가득하고, 하얗고 노란 꽃도 하늘거렸습니다. 인간이 차지하던 공간에 인간이 아닌 또 다른 생명이 하나씩 자리하고 있었습니다. 자연이라는 이름으로 말이지요.

인간이 모두 사라진 불가능에 가까운 미래를 상상하지 않더라도, 이렇게 가까이에서도 인간의 빈 자리를 채우는 자연을 만날 수 있습니다. 그렇다고 해서 정말 인간이 사라지는 세상을 바랄 수는 없습니다. 그동안 인간이 지구에 미친 영향을 살피면서, 그 영향을 줄이고 자연과 함께 회복하는 방법을 모색해야 하겠지요.

경제가 성장하면 모두 행복할 수 있을까?

50여 년 전, '인류의 곤경에 관한 로마클럽 프로젝트 보고서'를 부제로 한 『성장의 한계』라는 책이 출간되었습니다. 산업혁명 이후 인구는 늘어나고 자원은 고갈되며 환경오염은 심각해지고 식량은 부족해지는 세상이 되면서, 100년 이내에 생태계와 사회가 큰 위기에 직면할 것이라는 경고를 담았습니다. 이 책은 당시에도 많은 논란의 대상이 되었지만, 기후위기와 생태 위기에 직면한 지금도 여전히 '성장'에 관한 논쟁을 일으키고 있습니다.

『성장의 한계』에서 중요하게 다루었던 자원 고갈의 시점은 예상보다 늦어지고 있습니다. 석유와 가스전이 추가로 발견되기도 하고, 셰일 오일과 셰일 가스 등 새로운 에너지원을 추출하는 방법이 고안되었습니다. 하지만 환경오염은 해결되지 않았고, 기후변화와 같은 또 다른 위기에 직면하면서 사실상 성장의 한계에 다다랐다는 평가도 나오고 있습니다.

'성장'의 기준은 무엇일까요? 일반적으로 경제 성장은 GDP(국내총생산)를 기준으로 합니다. GDP는 일정 기간 한 나라에서 창출된 생산물의 가치를 합한 것으로, 그 나라의 전반적인 생산 활동 수준과 경제 규모를 나타냅니다. 그러니 생산과 경제 성장은 연결되어 있고, 우리가 경제 성장을 목표로 하는 한 생산 활동과 그에 따른 생태계 파괴를 멈출 수 없다는 의미이기도 합니다.

생산을 많이 하면 할수록 생산을 위한 자원 소비도 늘어나고, 폐기물 발생도 증가할 수밖에 없습니다. 자원을 마구 캐내고 생태계가 파괴되고 기후위기가 발생해도, 생산과 소비가 늘어나면 GDP는 상승합니다. 그러니 GDP는 경제 성장의 기준일 수는 있을지언정 공존과 행복의 기준이 되진 못합니다. 지구 생태계의 용량은 정해져 있고, 우리는 그 지구 생태계의 범위 안에서 생명을 지키며 삶을 영위하고 행복을 누릴 수 있으니까요.

2023년 유엔의 지속가능발전해법 네트워크(SDSN)가 발간한 「세계 행복 보고서」에 따르면, 한국인들이 스스로 매긴 주관적 행복도 점수는 OECD 38개국 중 35위로 최하위권에 머물렀습니다. 2024년 사우디아라비아의 한 기관이 24개국을 대상으로 진행한 설문에서도, '자신의 삶에 만족한다'라고 응답한 한국인의 비율이 39%로 가장 낮은 수치를 나타냈습니다. 삶의 만족도가 높은 국가는 오히려 사우디아라비아, 이집트, 인도와 같은 개발도상국이었습니다.

경제가 성장하고 기술이 발달한다고 해서 더 행복한 삶이나 더 좋은 삶을 누린다고 장담할 수는 없습니다. 더 많이 생산하기 위해 더 많이 일하고, 일하느라 바빠서 배달 음식을 먹습니다. 보살핌이 필요한 어린이는 학원으로, 돌봄이 필요한 어르신은 요양원으로 보내집니다. 그 비용을 감당하기 위해 더 많이 일합니다. 성장 중심의 사회에서, 여유로운 삶과 공동체의 따뜻한 돌봄이 사라지고 있습니다. 우리는 생태계의 일부가 아니라 성장의 일부로 전락하고 있습니다.

지구 생태계 속에서 평화롭고 여유로운 삶을 이루기 위해, 생산과 소비의 무한 굴레에서 벗어나는 과감한 일탈을 해보면 어떨까요. 성장이 외면해 온 생태계의 물리적 한계를 오롯이 인정하고, 이제는 다른 성장을 꿈꾸어 봅시다. 소비에서 느끼는 빠른 행복이 아니라, 평화로운 여유에서 느끼는 느린 행복을 상상해 봅시다. 생태적으로 지속가능한 경제를 만들기 위한 전환을 계획해 봅시다. 경제 성장 속에서 점점 심화되는 불평등을 뛰어넘는 정의로운 전환을 만들어 봅시다. 이 전환의 노력과 느린 행복을 위한 상상은 일찍 시작할수록 더 성공할 가능성이 높아질 것입니다.

우리, 생태발자국을 줄여보자

지구에서 인간은 전체 생물의 0.01%에 불과합니다. 하지만 생태계에 미치는 영향은 어마어마합니다. 자연 다큐멘터리를 보면 늘 사자와 사슴이 뛰노는 넓은 초원이 나옵니다. 마치 전 세계에 수많은 야생 포유류가 있는 것처럼 보이지요. 하지만 지구상의 야생 포유류는 전체 포유류의 6%에 불과합니다. 나머지는 인간 또는 인간이 사육하는 가축입니다.

인류가 지금까지 생산한 인공물은 어떤가요? 지난 2000년에 이미 콘크리트나 건설 자재, 벽돌 등 인공물의 총질량이 지구상의 모든 생명체를 합친 질량을 넘어섰습니다. 이 순간에도 도로나 건물, 플라스틱 등 수많은 인공물이 생산되고 있습니다. 그런 식으로, 자연이 만들어 낸 생물의 총질량을 인공물의 총질량이 초과하게 된 것이지요. 인류가 버린 쓰레기를 제외하고도 말입니다.

한국인처럼 소비하며 살기 위해서는 지구 4개가 필요합니다. 무슨 말이냐고요? 지구의 생태용량보다 한국인의 생태 자원 소비량이 4배나 많다는 이야기입니다. 한국인뿐만이 아닙니다. 이미 인류는 지구가 재생할 수 있는 자원보다 훨씬 많은 양의 생태 자원을 소비하고 있습니다.

길을 걸으면 그 자리에 발자국이 남습니다. 그처럼 인류가 살아가는 과정도 지구 생태계에 흔적을 남깁니다. 나무를 베거나 석탄을 채굴하는 일 등의 직접적인 영향뿐만 아니라, 전기를 사용하거나 옷을 입는 등의 행동이 미치는 간접적인 영향도 있을 것입니다. 이렇게 인류가 살면서 생태계에 미치는 영향을 '생태발자국'이라고 표현합니다.

국제 환경단체인 '지구 생태발자국 네트워크'는 해마다 인류의 생태발자국이 지구 생태용량을 넘어선 날을 발표하는데, 2022년은 7월 28일이 '지구 생태용량 초과의 날'이었습니다. 즉 7월 28일 이후로는 미래세대의 몫인 지구 생태용량을 미리 끌어다 쓰고 있다는 뜻입니다. 전 세계 사람들이 지금처럼 살아간다면 지구 1.7개가 필요합니다. 1970년대 초반만 해도 지구 생태용량 초과의 날은 12월이었습니다. 하지만 1987년에는 10월 27일, 2000년에는 9월 25일, 2022년에는 7월 28일로 매해 앞당겨지고 있습니다. 그만큼 인류가 소비하는 생태 자원이 계속 증가하고 있다는 뜻이겠지요.

우리는 얼마나 많은 생태발자국을 남기며 살아가고 있을까요? 스마트폰을 하루에 3시간 15분 정도 사용하면 연간 76kg의 온실가스가 배출됩니다. 버스를 한 시간가량 타면 90g의 온실가스가 생성되고요. 우리의 생활 대부분이 지구에 흔적을 남깁니다. 생태발자국을 줄이려면 소비를 줄이고, 대중교통을 이용하고, 채식 위주의 식단을 구성하는 등 다양한 실천이 필요합니다. 매일 일회용 컵에 담긴 음료를 마시고 2년마다 휴대전화기를 새로 사고 5년마다 자동차를 바꾸는 삶의 양식이 변하지 않으면, 우리는 앞으로 온전한 지구를 유지하기 어려울지도 모릅니다.

이제 성장 중심의 대량 생산에서 벗어나, 폐기가 아닌 순환하는 사회로 전환해야 할 때입니다. 숲이나 강, 토양과 물, 생물다양성 및 공동체처럼 공유된 것을 지키고 보전하는 일만이 결국 우리가 풍요롭게 살아가는 방법임을 깨달아야 합니다.

자연적인 것은 무한 성장하지 않습니다. 지구 생태계 속에서 생명을 영위하는 인간도, 인간이 만들어 낸 문명도 한없이 성장할 순 없습니다. 인간이 사라지지 않고 생태계의 구성원으로 그 자리에 함께하는 방법은 무한 성장의 욕심을 내려놓는 것인지도 모릅니다. 지금보다 성장하지 못해도 오히려 여유롭고 풍요로울 수 있음을 상상하는 것, 그 상상을 함께 만드는 것. 그것이 지속가능한 미래를 만드는 힘이 될 것입니다.

맺음말

태양의 행진을
시작하자

1. 무서운 것

이 글을 쓰는 지금도 스페인에 홍수가 났다는 소식이 들려옵니다.
1년간 내릴 비가 하루 만에 쏟아지면서, 집과 도로가 잠기고 200명
이 넘는 사람들이 사망했다고 합니다. 예상치 못한 대홍수로 도로
가 마비되고, 공항은 물바다로 변하고, 전기와 수도가 끊기고, 쇼핑
몰 지하 주차장에는 사람들이 갇혔습니다. 시민들은 대피조차 하지
못했고, 물이 목까지 차오른 상태에서 재난 대피 문자를 받았습니다.
시민들은 참사 현장을 찾은 대통령에게 진흙을 던지며 살인자라는
비난을 퍼부었습니다.

한편에서 들려오는 소식은 더 참담합니다. 2025년 우리나라 정부

는 재생에너지와 수요관리에 필요한 예산을 대폭 삭감했습니다. 저소득층을 위한 에너지 효율 개선이나 탄소중립을 위한 도시숲 조성 등에 필요한 예산도 줄였고요. 무공해차 보급을 위한 전기차나 노후 경유차 폐차 지원금도 감축했습니다. 예산 삭감만이 문제가 아닙니다. 오히려 기후위기를 부추기는 사업에는 예산을 증액했습니다. 화석연료나 핵발전 지원과 신공항 건설을 위한 예산은 대폭 늘어났습니다.

스페인 홍수도 그렇지만, 역행하는 정책도 무섭기는 마찬가지입니다. 하지만 더 무서운 건 '아, 또 그런 일이 있었구나' 하면서 고개를 끄덕이는 나 자신입니다. '원래'는 없던 일이 생겨났는데, 마치 그럴 수도 있다는 듯이 받아들이고 있는 나를 발견하는 순간 정말 화들짝 놀랐습니다. 재난을 무서워할 수는 있지만, 그 재난에 길들어서는 안 됩니다. 재난은 당연한 일이 아닙니다.

2. 잘못된 것

반 고흐의 명화 「해바라기」에 토마토수프를 끼얹은 사람들이 있습니다. 환경단체 '저스트 스톱 오일(Just Stop Oil)'의 활동가들로, 멸종하는 지구에서 예술만 보호하는 일은 의미가 없음을 주장한 것입니다. 그들은 평소에도 신규 화석연료 개발 사업을 중단할 것을 요구하는데, 명화나 예술품을 겨냥한 직접적인 행동을 통해 기후위기의 심각성을 더 널리 알리고 싶었다고 밝혔습니다. 「해바라기」나 반 고흐가 기후위기와 직접 관계가 있는 것도 아니니, 그 행동에 대해서는 비판과 지지의 목소리가 엇갈립니다.

하지만 한번 생각해 봅시다. 만약 커다란 굴삭기가 루브르 박물관으로 돌진해 문을 부수고, 그 안에 있는 작품들을 마구 부순다면 어떻게 될까요? 근처에 있던 경호원이나 경찰이 빠르게 저지할 테고, 굴삭기를 운전한 사람은 잡혀갈 것입니다. 가치 있는 문화유산을 훼손하는 잘못을 저질렀으니까요.

이번엔 굴삭기가 숲이나 바다로 향합니다. 숲 초입을 지나 중턱쯤 올라 나무와 흙을 마구 파헤칩니다. 그러나 아무도 그 굴삭기를 제지하지 않습니다. 바다로 향한 굴삭기는 바닷모래를 퍼 올리고 그자리에 시멘트를 붓습니다. 그렇게 파헤친 숲은 도로가 되고 바다는 공항이 됩니다. 가치 있는 자연을 훼손한 엄청난 일이지만, 아무도 제지하지 않습니다. 오히려 법으로 지켜주고 환영합니다.

우리는 석탄을 얻기 위해 땅을 파고, 석유와 가스를 얻기 위해 지하 깊은 곳에 파이프를 박습니다. 그 과정에서 발생한 쓰레기는 바다로 흘러갑니다. 자연생태계를 지키는 파수꾼은 어디에 있을까요? 이 잘못된 행동은 누가 막을 수 있을까요?

3. 돌보는 것

지난 2017년, 엄청난 규모의 허리케인 어마와 마리아가 카리브해의 푸에르토리코를 강타했습니다. 4,600명이 넘는 사람들이 숨지고 물과 전기, 식량 등의 공급이 중단되었습니다. 심지어 얼마 후 지진이 이어지면서 5,000여 명이 거주지를 잃고, 의료 지원과 식사 등 기본적인 생활에도 어려움을 겪었습니다. 전기가 복구되는 데만 무려 1년 가까이 걸렸습니다.

온 마을에 전기가 중단되어 빛을 잃었을 때, 유일하게 빛을 밝힌 곳이 있었습니다. 바로 '카사 푸에블로(민중의 집)'입니다. 그곳은 고립된 농촌 지역에 불을 밝히는 것뿐만 아니라, 라디오를 통해 외부 통신을 돕고 재난 상황을 알려주기도 했습니다. 그런 일이 가능했던 것은 바로 '태양' 덕분이었습니다. 카사 푸에블로는 태양을 이용한 발전소를 운영하여, 라디오를 켜고 휴대전화를 충전하고 냉장고를 가동했습니다. 지역 주민들에게 그곳은 생필품을 공급하고 보관할 수 있는 매우 중요한 거점이 되었지요.

카사 푸에블로가 태양광을 이용하게 된 것은 아이러니하게도 그곳에 거대한 노천 광산이 개발되었기 때문입니다. 주민들은 광산 개발로 숲이 파괴되고 물이 오염되는 것을 막기 위해 싸웠고, 결국 광산 채굴로 이익을 노리던 다국적 기업을 몰아냈습니다. 그러면서 마을과 땅, 물, 숲을 지키는 활동을 시작했습니다.

미국산 화석연료에서 벗어나 태양에너지로 독립하는 것도 그 활동 가운데 하나였습니다. 다른 곳에 의존하지 않고 스스로 에너지를 만들겠다는 노력이 허리케인에서 마을을 지키는 원동력이 된 것입니다. 허리케인 사태를 교훈 삼아, 카사 푸에블로가 있는 아드훈타스 지역에서는 식료품점이나 약국과 같은 필수적인 곳에 태양광 설치가 늘었습니다. 이때 필요한 돈은 공동으로 마련했습니다. '태양'은 아드훈타스가 원거리에서 생산되는 전기를 구입하지 않고도 자립할 수 있는 힘이 되었을 뿐만 아니라, 재난에서 마을 공동체를 지키는 힘이 되었습니다.

4. 시작할 것

해마다 가을이면 서울시에서 보내주는 안내 문자를 받습니다. "승용차 마일리지 주행거리 등록하세요." 1년 동안 승용차를 이용한 거리를 서울시 누리집에 등록하는데, 그 운행 거리가 지난해보다 줄면 마일리지를 받을 수 있습니다. 시민이 자율적으로 승용차 운행 거리를 줄여서 온실가스 배출을 감축하도록 장려하는 제도이지요. 올해 저는 지난해의 절반 정도만 승용차를 이용했습니다. 덕분에 마일리지를 최고치로 받았습니다.

아침 출근길에는 버스를 탑니다. 집에 가는 길에는 가끔 자전거도 이용하고요. 청계천 근처에 있는 사무실 건물 앞에는 공유 자전거 거치대가 있어서 이용하기가 편하거든요. 자전거로 퇴근할 마음을 먹으면, 남들보다 조금 서둘러야 자전거를 차지할 수 있을 정도로 인기가 많습니다. 이전 사무실에서는 자전거로 출퇴근하는 일은 꿈도 꾸지 못했습니다. 자전거 도로와 버스 차로가 분리되어 있지 않아 위험한 곳이 많았거든요. 도로에서 나오는 매연도 심했고요.

하지만 지금은 자전거 전용도로를 따라 안전하게 자전거를 탈 수 있습니다. 덕분에 따뜻한 봄에는 돋아나는 연둣빛 싱그러움으로, 더운 여름에는 땀 흘리고 난 후의 개운함으로, 가을에는 햇빛 실은 바람의 향기로 퇴근길의 즐거움을 느낄 수 있습니다. 거기에 온실가스를 줄인다는 뿌듯함이 더해집니다.

퇴근길에 자전거를 이용하는 '실천'은 두 가지 조건이 충족되었기에 가능한 일입니다. 하나는 자전거를 타겠다는 '결심', 다른 하나는 자전거를 이용할 수 있는 도로와 제도 같은 '인프라'입니다. 이는 자전거를 타는 일에만 해당하지 않습니다. 우리는 전기를 아껴 쓰기 위해, 실내 온도를 적절하게 맞추고 사용하지 않는 조명을 끄는 등 다양한 행동을 합니다. 전기에너지를 생산하고 소비하는 데 온실가스가 많이 발생하기 때문에, 그러한 실천은 매우 의미 있는 기후 행동입니다. 거기에 석탄화력발전소 폐쇄, 핵발전소 중단, 재생에너지 확대와 같은 정부의 의지와 정책이 더해져야 하겠지요. 가정에서 조명을 끄는 것보다 석탄화력발전소를 멈추는 것이 온실가스 감축에 훨씬 더 큰 효과를 가져오기 때문입니다.

"두껍아 두껍아, 헌 집 줄게 새 집 다오." 이 노래를 바꿔서 한번 불러볼까요?

"두껍아 두껍아, 텀블러를 쓸 테니 일회용 플라스틱을 멈춰다오."

"두껍아 두껍아, 에어컨 온도 올릴 테니 재생에너지를 늘려다오."

사진 출처

22쪽   위키커먼스(ⓒRailway Museum Gävle Sweden Archives)

39쪽   ⓒ서산제일교회

55쪽   ⓒ정선군청

84쪽   ⓒ에너지정의행동

90쪽   ⓒ에너지정의행동

110쪽 위키커먼스(ⓒIAEA Imagebank)

111쪽 ⓒ환경운동연합

134쪽 ⓒ이영경

150쪽 위키커먼스(ⓒjoergens.mi)

170쪽 ⓒ이영경

177쪽 ⓒ공공재생에너지연대

185쪽 ⓒ환경운동연합

208쪽 위키커먼스(ⓒBuchongri)

221쪽 ⓒ정의로운 전환을 위한 충남노동자행진 추진위원회

227쪽 ⓒ이영경

236쪽 ⓒ서울에너지공사

지구를 살리는 수업 6

지구를 살리는 에너지 정의 수업

2025년 3월 2일 1판 1쇄 펴냄

지은이 이영경
펴낸이 김철종

펴 낸 곳 (주)한언
출판등록 1983년 9월 30일 제1-128호
주   소 서울시 종로구 삼일대로 453(경운동) 2층
전화번호 02)701-6911
팩스번호 02)701-4449
전자우편 haneon@haneon.com

ISBN 978-89-5596-943-6 (03300)

만든 사람들
기획·총괄 손성문
편   집 한재희
디자인 홍성권

한언의 사명선언문

Since 3rd day of January, 1998

Our Mission — 우리는 새로운 지식을 창출, 전파하여 전 인류가 이를 공유케 함으로써 인류 문화의 발전과 행복에 이바지한다.

— 우리는 끊임없이 학습하는 조직으로서 자신과 조직의 발전을 위해 쉼 없이 노력하며, 궁극적으로는 세계적 콘텐츠 그룹을 지향한다.

— 우리는 정신적 · 물질적으로 최고 수준의 복지를 실현하기 위해 노력하며, 명실공히 초일류 사원들의 집합체로서 부끄럼 없이 행동한다.

Our Vision 한언은 콘텐츠 기업의 선도적 성공 모델이 된다.

저희 한언인들은 위와 같은 사명을 항상 가슴속에 간직하고
좋은 책을 만들기 위해 최선을 다하고 있습니다.
독자 여러분의 아낌없는 충고와 격려를 부탁드립니다.

· 한언 가족 ·

HanEon's Mission statement

Our Mission — We create and broadcast new knowledge for the advancement and happiness of the whole human race.

— We do our best to improve ourselves and the organization, with the ultimate goal of striving to be the best content group in the world.

— We try to realize the highest quality of welfare system in both mental and physical ways and we behave in a manner that reflects our mission as proud members of HanEon Community.

Our Vision HanEon will be the leading Success Model of the content group.